家庭养育七步法 ⑤

理解是青春期的通关密码

（13~19岁）

Hedvig Montgomery
[挪威] 海德维格·蒙哥马利 ——— 著　韦沁汝 ——— 译

图书在版编目（CIP）数据

家庭养育七步法. 5, 理解是青春期的通关密码 /（挪威）海德维格·蒙哥马利著；韦沁汝译. -- 北京：北京联合出版公司, 2024.4
 ISBN 978-7-5596-7375-6

Ⅰ. ①家… Ⅱ. ①海… ②韦… Ⅲ. ①幼儿教育—家庭教育 Ⅳ. ①G781

中国国家版本馆CIP数据核字（2024）第009553号

Copyright © Hedvig Montgomery & Eivind Sæether [2020]
Published by arrangement with Salomonsson Agency, through The Grayhawk Agency Ltd.

Simplified Chinese edition copyright © 2024 by Beijing United Publishing Co., Ltd.
All rights reserved.
本作品中文简体字版权由北京联合出版有限责任公司所有

家庭养育七步法5: 理解是青春期的通关密码

[挪威] 海德维格·蒙哥马利（Hedvig Montgomery） 著
韦沁汝　译

出　品　人：赵红仕
出版监制：刘　凯　赵鑫玮
选题策划：联合低音
责任编辑：蒯　鑫
装帧设计：聯合書莊

关注联合低音

北京联合出版公司出版
（北京市西城区德外大街83号楼9层　100088）
北京联合天畅文化传播公司发行
北京华联印刷有限公司印刷　新华书店经销
字数128千字　880毫米×1230毫米　1/32　6.75印张
2024年4月第1版　2024年4月第1次印刷
ISBN 978-7-5596-7375-6
定价：49.80元

版权所有，侵权必究
未经书面许可，不得以任何方式转载、复制、翻印本书部分或全部内容。
本书若有质量问题，请与本公司图书销售中心联系调换。电话：（010）64258472-800

目　录

序一　那扇关上的房门　001
序二　宏伟的任务　004

I　家庭养育七步法　011

第一步　继续加强你们的情感纽带　013
　　　　安全舒适　015
　　　　归属感　017
　　　　理解孩子的情绪　020
　　　　当纽带变得脆弱时，你应该做些什么？　022

第二步　正确设定边界　029
　　　　指　导　030
　　　　与他们一起做决定　031

　　　　严苛的界限　032
　　　　过于宽松的界限　033
　　　　害怕是好事吗？　034
　　　　不要专注于争吵　035
　　　　善于变通　036
　　　　一起做开心的事情　038

第三步　**理解孩子的感受　051**
　　　　崭新的情绪　052
　　　　"你哭了吗？"　052
　　　　寻找感觉　055
　　　　糟糕的评论　056

第四步　**反思自己的反应模式　065**
　　　　被掩埋的过去　066
　　　　更好的青春期　068
　　　　令人恐惧的路　069
　　　　宽恕的机会　070

第五步 **家庭里互相关心** 079
过多的家庭矛盾 080
"向我展示生活" 081
我们怎么样才能继续在一起？ 082
离异家庭 083
离婚是无止境的伤害 085
继父母和养父母 086
离婚带给孩子的伤害 087

第六步 **管好你的情绪** 093
富有攻击性的两条路 094
当孩子开始攻击自己的内心时，我该怎么办？ 095
当孩子的攻击性转向对外，我应该怎么办？ 097
最常见的循环 098
不要对别人进行严厉批判 100

第七步　该放手时就放手　105

控制你的恐惧　106

隐私和监控　107

你的引导　108

灾难性的秘密　109

当事情朝着不好的方向发展时　111

"妈妈，你能过来吗？"　112

Ⅱ 那些重要的话题　119

重要的闲聊　123

孩子的故事　127

学　校　130

从小学到初中　130

从初中到高中　131

现在或者永远不会　132

"必须完成已经开始做的事情"　133

作业和学校任务　134

社交媒体　140
当反差太大时　140
激进的信息与真相　141
如何合理地使用手机？　142
当孩子沉迷电脑时　144
对孩子保持好奇　146

霸凌——关于归属感的斗争　150
适　应　151
孤独的孩子　153
站在孩子的角度　154
持续霸凌？　155

睡眠与压力　158
照顾自己　159
减压！　160

性启蒙 165
保持联系 166
我可以多严厉？ 167
讨 论 168
设置底线 169

饮食、身材和外表 172
"我看起来好看吗？" 173
健康的生活 173
中间的位置 175
如果我很担心，该怎么办？ 176

喝 酒 179
重要的谈话 180
很酷的父母 181

青少年的聚会　184

艰难时刻　190
精神错乱　193
适应疾病　193
当你在挣扎时　195

致　谢　200

参考文献　203

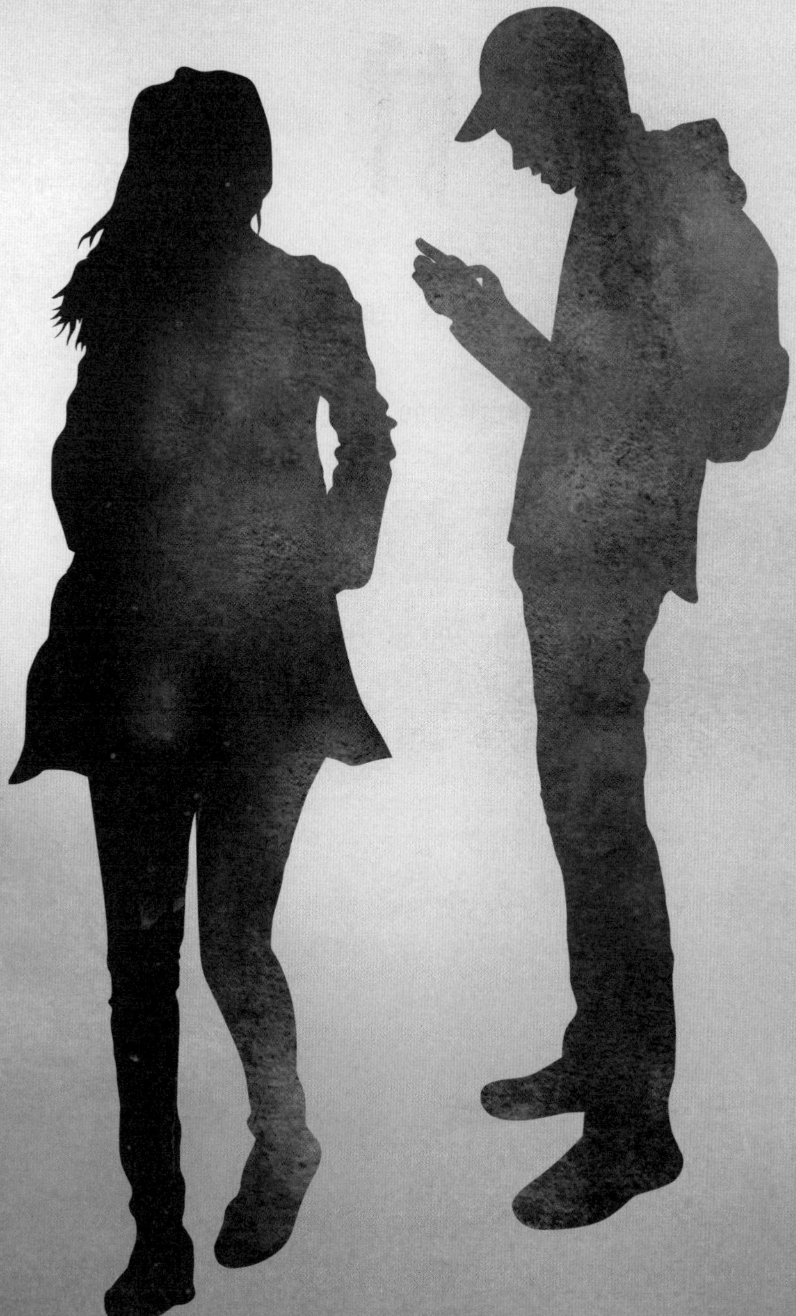

序一　那扇关上的房门

这是"家庭养育七步法"系列的最后一册。这本书可以帮助你了解青春期的孩子,引导孩子为成年阶段做好准备。

不久的将来,你的孩子将走向成年人的世界——那个我们也在一直探索着的世界。但是,他们现在还没有准备好。

这本书可以帮助你了解青少年。作为父母和成年人,如果你非常清楚孩子未来的发展方向,那么在面对问题时,你就能够轻松地找到适合的解决方法,从而帮助孩子更好地成长。

我遇到的很多家长都有这样的问题——他们认为,孩子忽然开始紧闭房门的举动,对他们来说是一个巨大的挑战。但是,孩子在寻找自我的时候,会主动与周围的人、事、物保持距离,这是很正常的事情。

这意味着,你的孩子在寻找如何独立的方法。

人们总是很难理解青少年。他们不会像对待小朋友那样,轻易朝青少年露出微笑。

青少年从他人身上得到的善意开始减少,学校的课业开始加重，甚至超出他们的心理预期，而他们对自己的期待也在悄悄发生改变。当孩子对自己的期待过高，通过努力也达不到自己的目标时，他们就会引来更多的争议和无奈。这期间发生的变化是他们不安的根源。

作为父母，你如果对孩子过于严厉和苛责，无异于是将孩子推向孤立无援的世界，让他们备感无助。

对于孩子来说，你始终是那个不一样且非常重要的人。

当孩子处于青春期时，你要成为那个可以理解他们的人。你温柔的目光是孩子安全感的来源。

虽然孩子选择关上房门，但是这并不意味着他们可以独自面对青春期带来的问题，他们暂时还没有独自承受一切的能力。

他依然需要你，即使你们这时的关系很糟糕。

这本书和"家庭养育七步法"系列的其他内容一样,将分为两个部分。在第一部分,我将通过七个步骤帮助你了解青少年。在第二部分,我将着眼于青少年父母会面临的主要问题,例如社交媒体、作业、性以及睡眠习惯。

所有的家庭都将从不同的起点开启这段旅程。不论起点高低,你始终是最了解孩子的那个人。因此,我觉得一个好的开端尤为重要,你得把你之前与孩子的相处模式暂时放下,重新审视你与孩子的关系。对他们来说,你能做到的最重要的事情,就是帮助他们找到属于他们的人生之路。

希望这本书能够帮助到你。

海德维格·蒙哥马利

序二　宏伟的任务

在青春期，孩子会把以前跟父母建立好的所有规则全部打破。他们不再想要听从你的建议，你也不再是之前那个对他们来说十分有趣的人了。

生活就是如此。

到目前为止，你们曾经的生活经历、美好的家庭回忆就像森林里会发光的帐篷，那是孩子的根基，是可以让人感到温暖且安全的存在。但是，孩子现在要走出帐篷，体验外面的世界了。

他们要走出去并且寻找自我。他们将通过各种方法、各种道路来追寻自我。从本质上来说，这就像是一个需要测试的程序，孩子得自己找出合适的路径、行为模式和新的人格。有时，他们想让别人接受自己不成熟的想法，却又不知道怎么收场。这就如同人们站在镜子面前，为了找到自己的最佳形象，而不停地尝试不一样的穿搭。

  人们总有想要离开家到外面闯一闯的愿望，离开那个熟悉而安全的地方，努力去寻找属于自己的个性和未来。这些努力的经历给我们留下了美好的回忆。孩子成长为青少年，意味着他们也开始想要成为更好的人，想要探寻并创造更美好的世界。

  这是一个宏伟的任务，我们得给予孩子足够的尊重和关爱。从一个新的视角去看待事物的时候，很容易引发冲突和混乱。我们要认识到这一点：青少年很在意同龄人对于自己的看法。当他们发现班上的同学给他们扣上错误的帽子时，他们很容易感到害怕和恐惧。至于老师和父母对他们的看法，他们觉得一点也不重要。

同时，探索自我的过程往往伴随着很多的不确定性，这同样会让孩子感到恐惧。他们害怕自己做出不合时宜的举动，害怕选择错误，害怕别人对自己投来批评的目光。太多的顾虑让孩子觉得这个过程意义重大，他们内心无时无刻不在朝着别人呐喊："看到我！""喜欢我！""关爱我！"

对于很多青少年来说，这个时期充满了压力和混乱，他们希望有人能够理解自己。他们需要有一道温暖的目光告诉他们"我理解你"，需要有人带着善意的微笑看着他们，需要有人在他们不舒服的时候安慰他们，需要有人在不加评判的情况下和他们交流。

对父母来说，他们对处于青春期的孩子感到困惑。青少年从一个事事都要寻求帮助和意见的孩子，变成喜欢关起房门、把所有事情都锁在脑子里的孤僻者。在成长的过程中，孩子开始与之前对他们来说很重要的事情保持距离，仿佛一切都停留在了过去。

当然，这并不是全部的真相。

给孩子自由，是你在这个阶段能为孩子做到的最好的事情。通过与孩子沟通，让孩子获得更多的自由，这需要你和孩子有不错的纽带关系。虽然孩子终将有离开的一天，但是你们之间相互信赖的关系不会减弱。纽带关系是那个宏伟任务成败的关键。

在这个过程中,你看起来既重要又不重要。

很多时候,孩子会对你说:"放开我!"但是他们实际上表达的是:"抱住我!"

你的任务就是两者兼顾,给予孩子自由的同时,不要放松对他们的管教。

小瞬间

生活中有无数的小瞬间,可以让你和孩子的关系变得紧密。例如,当他们终于走出房间时,当他们告诉你他觉得困难的事情时。因此,你学会如何面对这些情况就变得尤为重要。

父母在这种情况下最容易犯的错误,就是过早批评孩子、太晚说出自己的想法。批评应该是最后考虑的事情。

成为青少年在需要帮助时第一个想到的人,将是一个艰巨而重要的目标。

而这,也是家长在这个时期需要努力完成的奋斗目标。

I

家庭养育七步法

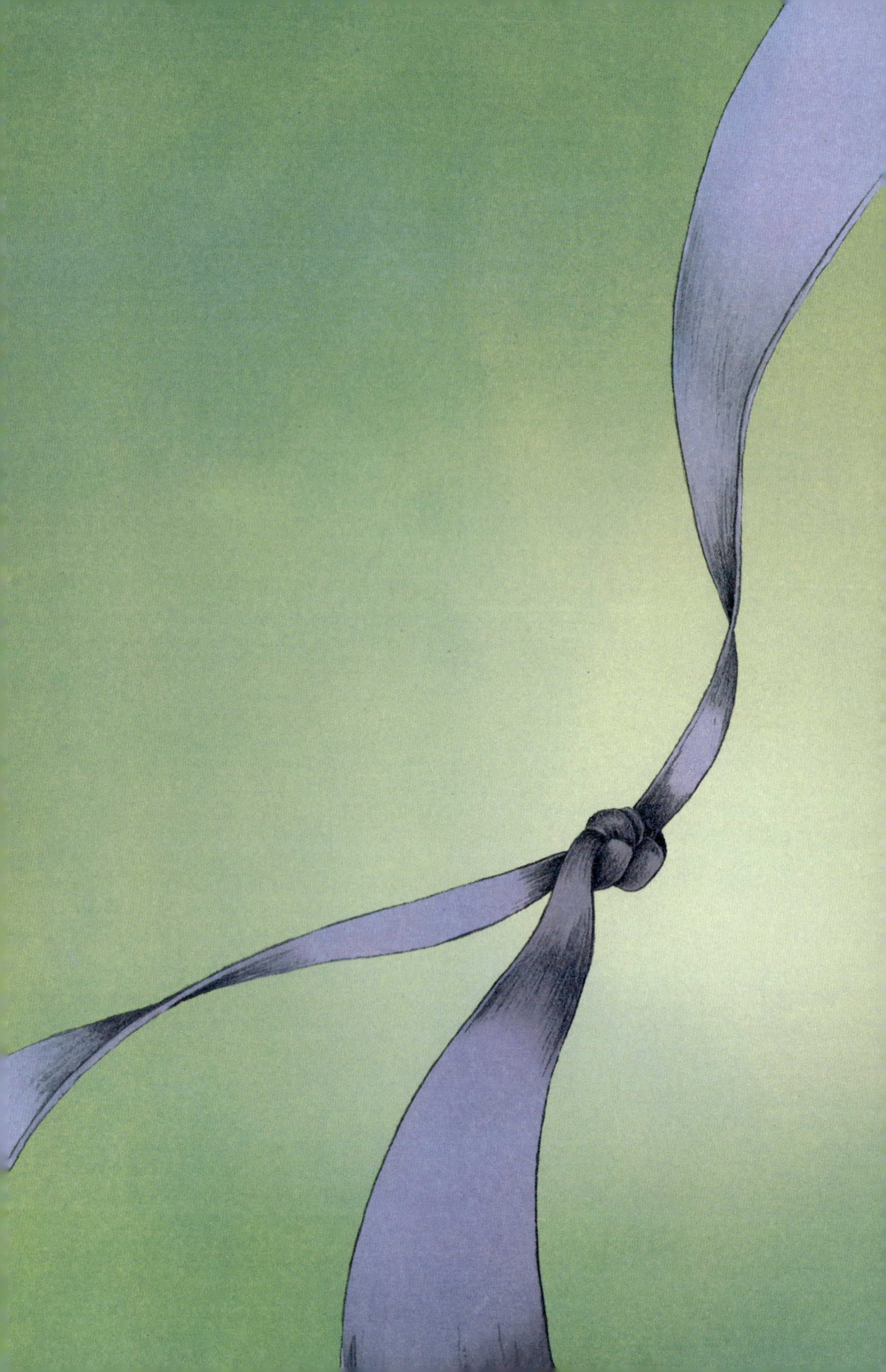

第一步
继续加强你们的情感纽带

有的时候，我们过多地把目光专注在青少年的缺点上，仿佛他们是有技术错误的产品。我们会为他们那笨拙的举动、起伏不定的情绪感到无奈，不耐烦地等待着他们长大成人。然而，青春期就像是一个零件重组的痛苦时期，在组装完成之前每个人都会感到无奈，却又不得不为成为完整的整体而奋斗。这会让人回想起老式的家庭纪念相册，孩子们一个个从"萌萌哒"的样子，变成那些个穿着不合适的衣服、带着一点别扭神情的模样。当我们快速回忆这些过往的时候，它们却会带来不一样的乐趣。

因此，你可以找到很多关于应对"青春叛逆期"的建议，而青少年就是你在这次任务中的目标人物。我觉得，父母花时间与之前完全不一样的孩子相处，是一件有意义的事情。

他们并不是一个个问题或者一个个需要修复的零件。相反，青少年需要得到真实的反馈。他们需要能够在家庭、学校或者朋友之间感觉到温暖的味道。而这本身就非常具有挑战性。

你可以回顾一下你作为父母为孩子做过的事情：你曾经在找不到伤口的地方贴上创可贴；你用温柔的话语驱赶黑夜中的梦魇；你安慰并抱起孩子，告诉他"别害怕，我在这里"；你为了孩子去过拥挤的水上乐园；你和孩子一起看了数千小时毫无意义的动画片；你为了让孩子学会骑自行车而在后面苦苦支撑着后座。你可能已经做了你能为孩子所做的最重要的事情，那就是关注孩子的需求。

那也是青春期的孩子所需要的东西——你的关注。

你会理解孩子在感情问题中产生的悲痛，在数学考试失利时的难过，或者面对困难课业时的无助，再或者是因为离开熟悉的朋友圈而感到生活失去意义时的难受。这些困境对孩子来说就像是灾难。

你能做的，就是了解事情的经过，并在孩子需要的时候支持他。

孩子正处在一个他从未经历过的阶段。你会预感到，你们之前的关系将经历前所未有的冲击。你要维系好你们之间的关系，孩子很需要你。

当你不知道你的孩子遭遇了哪些挫折时，当你整晚坐在沙发上等着孩子回家，或者当你一直等着孩子回复你信息的时候，你能做些什么事情？当你看着关上的房门，不知道孩子为什么把自己锁在房间里时，你能做些什么事情？当你面对那些无法得到孩子回应的问题时，你能做些什么事情？

所有处于青春期的青少年都向往成年人的生活。你了解成年人的生活，你知道孩子即将被社会的压力所困扰，你明白他们将面临多么痛苦的经历。你会突然在脑子里浮现一个可怕的想法：孩子可能无法适应这个残酷的社会。

如果孩子在经历青春期的时候，身边能有值得信赖的大人帮助他们，那么在面对生活中的不如意时，他们就会有更强的抵抗力。那些抵抗力如同城墙一样，可以抵御群体压力、不良的影响和一些强烈而可怕的负面情绪。

你可能会听到，孩子带着眼泪和愤怒说出那些你从未想过他会说出的脏话、可怕的想法，或者孩子表现出令人陌生的沉默。但是，当你和孩子之间的纽带关系如同坚固城墙，这就足以抵御一切灾难。

纽带关系包括三个部分，作为大人的你，有责任在孩子处于青春期的这个阶段，继续加强你们之间的纽带关系。

安全舒适

在孩子的成长过程中，他们需要一个能让他们感到舒适、平静和安全的地方。他们也需要一个可以承受一切的，帮助他们一起解决生活上大大小小困难的人。

你的孩子仍然需要你的帮助。

但是，安慰一个青少年是一件困难的事情。当他们觉得世界变得黑暗时，产生的情绪会比你想象中的更剧烈。当他们正在体验一段没有归属感、无法获得成功的痛苦经历时，当他们面对即使拼尽全力仍达不到自己期待的痛苦时，你总是想要安慰他们。如果孩子并没有因为你的安慰而好起来，你会觉得自己好像做错了事情。但是不要忘了，孩子和之前一样需要你的开导。只是，你需要足够的时间等他们走出情绪的旋涡。

虽然，你可以对孩子说："我说过那行不通，你为什么之前不听我的？"但是，我给青少年的父母的第一条忠告就是：当你告诉孩子，他们需要做很多准备工作然后再去做某件事时，这并不能够安慰到对方。相对地，你可以站在孩子的角度，学会感同身受孩子的遭遇，然后重新思考安慰孩子的方法。

在做心理咨询时，我经常看到父母把自己锁在和孩子的冲突之中，他们总想着确保孩子认识到自己做错事情的后果。然而，这样的做法只会导致战况升级，父母会发现自己在用错误的方法不停苦战，最后把孩子推向父母的对立面。父母因而失去了安慰孩子的机会。

青少年确实会做很多蠢事，但是他们并不喜欢独自处理这些问题。你要让他们感受到，"不论事情如何发展，我始终都站在你这边"。

他们如果不信任你，就不会很需要你。然后，他们就会用自己糟糕的方法去处理问题。

> 维系孩子和大人之间的纽带关系是大人的责任之一。大人需要对孩子有更多的了解、更多的包容和更多的耐心。

我遇到过很多身陷困境的青少年。当我问他们"谁是你们最想要进行交流的人"时,他们大多数都会说妈妈或者爸爸。但是,他们也会补充说:"但他们每次都会很生气。"

身为父母,你需要忍受孩子犯的错误。当他们弄丢了钥匙、把手机屏幕摔碎或者对老师说了气话时,你需要对他们的行为表示理解。你还需要尽最大的努力去成为那个始终支持孩子的人,而不是一味批评他们的人。

你要告诉他们:"我来帮助你。"

这是你引导孩子更好地成长的机会。

归属感

人们需要归属感。这对我们来说至关重要,对青少年也是如此。他们需要知道,家里始终有一个地方属于他们。所以,你需要向他们表明:家是可以由他们支配的地方。让青少年做自己感兴趣的事情,去他们喜欢去的地方,吃他们喜欢吃的食物，做他们喜欢做的休闲娱乐活动，例如打电脑游戏、踢足球、听音乐或是跳芭蕾。你需要让他们明白，家里始终有值得他们感兴趣的事情。

除此之外，在这个阶段，你可能还需要调整一下整理家务的模式。家里会变得很乱，脏衣服和脏盘子堆积如山，你要与随处可见的耳机和手机进行战斗。你不能再期望孩子能够好好地遵守秩序和服从安排。与此同时，对孩子来说其他的事情会变得更重要。不论如何，你始终要向孩子发出"家里始终欢迎你，你可以在这里找到归属感；不论发什么事情，你始终在家里有一个位置"的信号。

我十几岁时，一个朋友对我说过，她的爸爸曾经告诉她："你马上要18岁了，是时候搬出去了！"这虽然不是什么特别伤人的话，但是每次她爸爸对她不满意的时候，总会提醒他的女儿，她迟早要搬走。我经常看到她因此而沮丧的样子。

一些父母对自己的孩子不满意的时候，就喜欢抱怨："你要是再这样，就自己找地方住！"听到这样的话时，孩子会觉得很难过。在青少年时期，孩子会因为这些话而受到更深的伤害。青少年尝试在外面的世界寻找自己的位置的时候，他们需要来自家庭的安全感。家庭意味着孩子脚下安全的地面，它是一张安全的网。如果你时常提醒孩子，家只是暂时的避风港，或者家不是他们的避风港，那么孩子就很难产生安全感。

当孩子惹你生气的时候，你可以尝试给孩子一个善意的提

♥

记住，孩子经历青春期并不是他们的选择，而是他们的必须。

醒："只要你还住在这个家里，不管多少年，你就应该……"

当然，对青春期的孩子来说，他们的安全感不完全来自家里。

在同龄人中寻找归属感是一段容易让人受伤的过程。如果孩子没能找到自己的位置，那么在接下来的很长一段时间里，他们都会觉得生活充满艰辛。这种适应型的竞争就像走钢丝，父母往往会特别担心孩子的状况。作为父母之一的你，无法在这方面拥有控制权。孩子也不希望你掌握控制权。

当你询问孩子他们在和谁一起玩、在玩什么的时候，孩子可能会回答得很敷衍。原因在于，他们想要属于自己的空间，一个不受成年人影响的私人空间。

很多时候，你处理事情的方法在孩子看来非常不明智。你有时会对孩子说："你就不能请几个朋友过来一起玩吗？我可以给你们买汽水和薯片。"从你的角度来说，你只是想要尝试帮助孩子，给他们一些提示。但是对于孩子而言，他们并不了解你真正的意思，只会认为你在强迫他们做不想做或做不到的事情。有的时候，你的这种建议和指导反而会让孩子觉得孤独，甚至产生挫败感。

在这个阶段，成为一个合格的辅导者是一件困难的事情，你需要了解孩子觉得困难的事情，以及孩子真正需要帮忙的地方。要做到这些，你首先要让孩子信任你，让他们觉得和你在一起很快乐，愿意倾听你说的话。这就是纽带关系的魅力，饱含着对彼此的信任和尊重。因此，为了成为优秀的青少年的父母，你得付出非常多的精力。

你要在孩子的身边，帮助他们捕捉到生活美好的瞬间。

然后，你可以为孩子提供帮助。

你帮助孩子的过程，就是你了解孩子的开始。

理解孩子的情绪

孩子的情绪起伏不定。你要告诉孩子，生活就是这样，你可以理解他们的情绪。在孩子成长的过程中，理解孩子的情绪是你最艰难的任务。

在你提醒孩子之后，孩子仍然在没有做好充足准备的情况

> 当孩子处于青春期时，大人需要拥有看到掩盖在表面之下的真相的能力。孩子需要有人能够了解他以及他的世界。

下考砸了，并因此大发脾气。应对这种情况有多种解决方法。你当然可以说："看吧，我之前说了什么？"但是，这并不是一个好的解决方法。或者，你对孩子抱怨道："我之前跟你说了千百次了，你需要好好复习，现在知道后果了吗？"这也不是一个好的教育方法，更不可能让孩子成长。他们不愿意接受一个贬低自己的人的帮助。如果你开始理解，孩子是因为自己的失误而痛苦，那么孩子就能明白，在他们成长的路上，你和他们站在一起。你可以尝试这样询问孩子："唉，我知道考砸了会让人感到很糟糕。你还好吗？"或者你还可以这样说："好吧，这次的结果确实不是很好，但是我们可以为下一次考试做些什么准备，需要我帮助你吗？"

在应对来自青少年的情绪的时候，你可以尝试两个步骤。首先，你可以尝试把自己代入孩子的角度，这样就能更理解孩子的真实感受。然后，你需要引导孩子看清接下来需要走的路，把孩子从情绪的旋涡中拉出来。

虽然孩子可能很难接受糟糕的结果，但他们终究需要面对。你的工作之一就是告诉孩子，世界上没有人能够永远不陷入困境。然后，你还可以告诉孩子："我们迟早会找到解决方法。"但是，你首先要能够明白孩子的痛苦感受。你可以试着回想一下自己14岁时的样子，想象一下有人在背后说你坏话时的情景，你马上就能理解孩子的糟糕感受。

如果孩子的情绪没有得到释放，他们就会逐渐悲伤、愤怒。

这样的情绪是带有攻击性的。随着时间的流逝，孩子还会用别的方式表现出来：他们会变得内向，针对自身；或者外向，针对你和世界。

当孩子明白他可以与你分享自己的情绪时，你就会感觉到你们的关系正变得更亲密。

♥

和一个能带来安全感的大人产生的纽带关系，可以帮助青少年抵御所有困难。

当纽带变得脆弱时，你应该做些什么？

在孩子的青春期，你们之间的纽带关系会时好时坏。比较常见的情况是，孩子会对父母中的一方表现得特别亲近，而另一方则会被排斥。这不是大问题。只要你们中有一方和孩子有足够好的纽带关系，那就是好事。随着时间的推移，孩子也会和被排斥的那一方渐渐亲密起来。

但是，如果父母双方和孩子的纽带关系都很脆弱，那么你们就需要警惕了。这意味着你们不能过分关注孩子所犯的错误，或者只能期待孩子在长大后能明白你们当初的苦心。

当你们的纽带关系变得脆弱的时候,你能做的就是尝试,小心地寻找一个时间点,让你们的纽带关系恢复坚韧。孩子需要你能安慰他、理解他,给他归属感。

父母容易犯下的常见错误

13~14 岁
你认为孩子不关心那些事

当孩子在进行某个活动或者项目的时候,你发现他们容易疲倦或者犯困,可能会觉得这是孩子对此不感兴趣的信号。其实在这个阶段,孩子在身体、心理和精神上产生的巨大变化,导致他们会比以往消耗更多的体力。你应该给孩子更多的休息时间,理解他们要比以往更难恢复精力,你可以尝试帮助孩子,直到他们的身体能够适应这个阶段。

14~16 岁
你只看到孩子叛逆的模样

当你发现处于青春期的孩子尝试在家里做一些反抗你的事情时,你可能会给孩子严厉的惩罚作为回击。但是,如果孩子现在的表达方式带有强烈的攻击性,你最好不要以同样的方式回应他们。

相反地,你可以试着了解这个成长阶段里孩子的真实模样。对孩子来说,怎么证明自己和他人之间的差异性是非常重要的事情。但是,孩子依然需要感受到你对他们的关爱。不久的将来,他们就会找到自我。

16~18 岁
你对孩子施加过多的压力

在这个阶段，青少年做事情喜欢一步登天，所以常常遭遇挫折，父母则很开心地感觉自己再次拥有了控制权，开始对孩子提出各种要求，施加压力。但是，孩子现在并不需要更多的压力，他们需要的是一个成熟的大人跟他们谈谈自己曾经做过这些事情的经历。你需要留给孩子足够的时间进行沟通。

记住，虽然孩子现在看起来已经有了成年人的模样，但是不要忘记他们的内心依然稚嫩。

18~21 岁
你对孩子过早地放手

虽然现在孩子以大人的模样站在你的面前，但他们还是需要你的理解、安慰和关心。他们仍然在怀疑、探索和发现这个世界。在他们这个年纪，他们依然有很多事情还没有去做，例如，找一份工作或者开一个银行账户。作为一个有安全感的大人，你需要在家里为孩子留一个位置，让他们更好地成长。

痛苦的呻吟

没有人能在学会独立的过程中不受伤害。寻找自己意味着两极分化的情感，意味着你会在某个瞬间觉得全世界都属于你，而下一刻又会感到被全世界抛弃。青少年的思维方式是黑白分明的。他们理解事情只分对错，表述心情只有开心或悲伤。他们看待自己和他人不存在太多差异性。因此，他们更容易感受到生活的残酷。

现在，是时候让孩子体验人们在生活中产生的各种各样的情绪了。孩子会体验到所有的痛苦，所有的爱和焦虑。

我们不能太过担心孩子，不要给他们下任何定论。

当你 14 岁的时候，你也会感到生活的不确定，这是很正常的事情。你会怀疑自己的能力、自己的方向，怀疑世界上是否有属于你的位置。

你会感到悲伤。

你会觉得自己很蠢。

你会认为自己很倒霉。

你过着很困难的生活，但这并不意味着你的未来也如此糟糕。15 岁的挣扎，并不会在 25 岁的时候出现。你会迎来美好的明天、轻松的想法和欢乐的笑声。

现在，你的孩子正在经历一段我们曾经经历的过程。他们可能会觉得没有人理解他们，

所以你需要小心地接近他们,在他们面对负面情绪的时候告诉他们:"我理解你。"让他们不再感到孤单。然后,向他们解释痛苦的含义,并告诉他们这是生活的一部分。

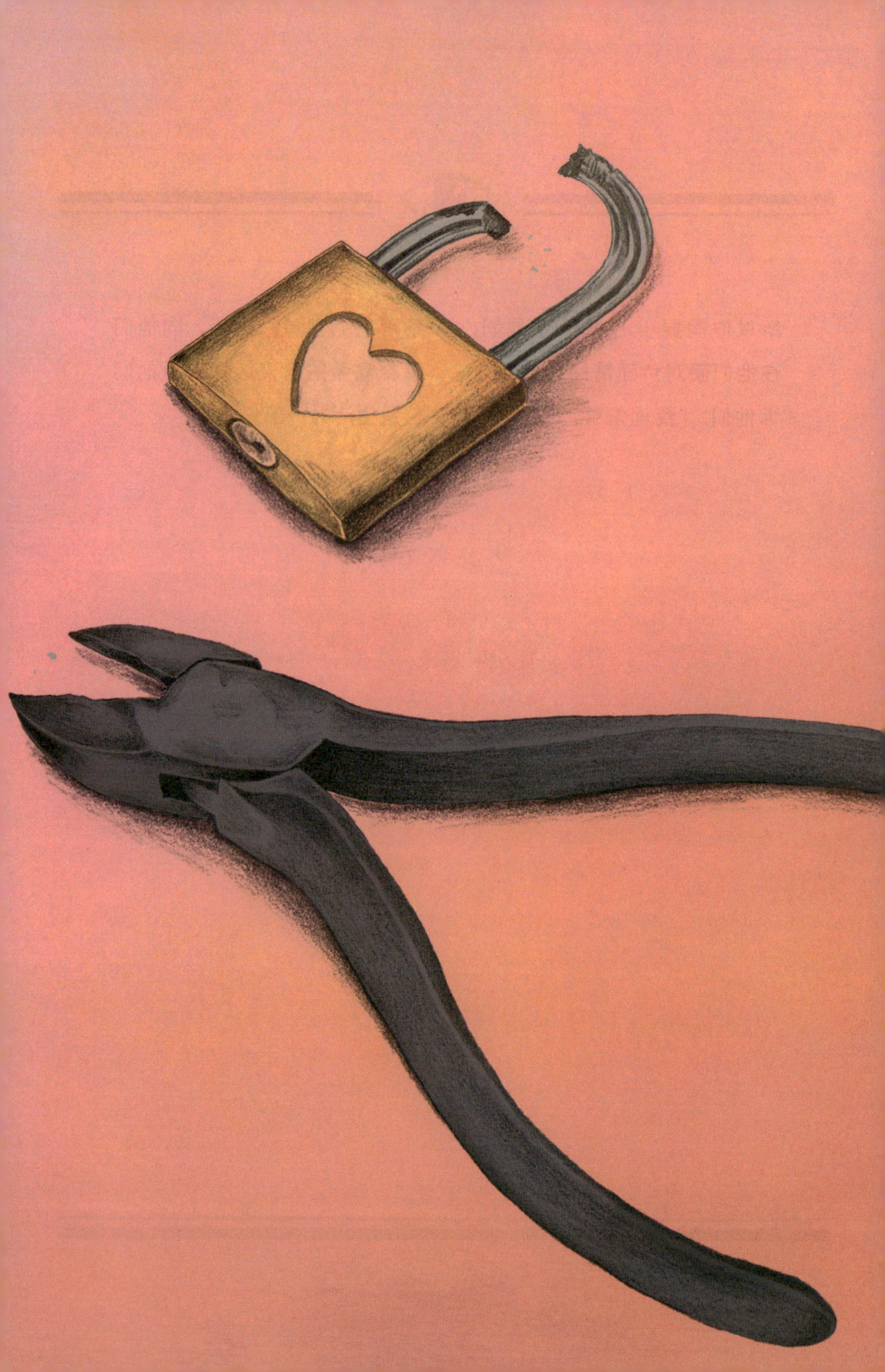

第二步
正确设定边界

一直以来,你对孩子始终拥有绝对的掌控权,例如你决定他们要吃什么食物,要什么时候睡觉,要穿什么样的衣服。你做了大多数父母都会做的事情:为孩子做所有的决定。

这些都将成为过去,游戏规则即将迎来改变。

现在,你不能再替青少年做决定。你的孩子即将长大,他们得学会自己选择自己的生活。明白自己能够拥有选择的主导权,这对青少年来说至关重要。虽然孩子有权利做出选择,但是这并不意味孩子的选择总是正确的。青少年始终不够成熟,有时候他们的行为方式会比自己的实际年龄显得更轻率,他们不能准确评估做出的那些选择所带来的后果。

他们需要在之后的成长旅程中不断进行训练。

作为父母,你的任务就是让青少年自主选择。

你需要询问孩子的想法以及思路,需要认真聆听他们的回答。孩子不再只是车上的一个乘客,他们现在和你坐在一起,

♥

<u>通过与孩子讨论他们所做的选择，让孩子学会自己照顾自己。</u>

正在思考行驶的路线。

孩子的脑海在这时候会出现无数个问题，比如，他即将要走上哪条路。作为大人，你需要明白，孩子在做出选择的时候也在成长。当你指明方向的时候，你也需要向孩子表明，不论选择哪一条路，都很难预知前方是否充满障碍和困难。

在这个年纪，你可以和孩子谈论、探索和尝试底线的重要性。帮助孩子了解自己的底线，可以让孩子在将来更出色。

指　导

这里需要提醒一点：虽然青少年有权利决定自己的生活，找寻自己的答案，做出自己的选择，但是他们并不具备承担选择带来的所有后果的能力。同时，并不是所有的选择都需要无休止地进行讨论。

我见过很多青少年因为这些选择问题而筋疲力尽，他们需要好心的大人对他们说："你希望我能为你做些什么吗？"

青少年需要有领导力的大人。

他们需要有人能够理解他们，帮他们看到事情的全貌。当事情变得棘手时，他们希望有人对他们说："据我所知，我们可以这样做。"

他们需要一个过来人。

他们需要你。

与他们一起做决定

在孩子经历青春期的阶段，父母会遇到很多很难回答"可以"与"不可以"的问题：可以晚点开始写作业吗？可以去参加朋友聚会吗？周末可以多打会儿游戏吗？可以独自和男/女朋友出去玩吗？可以和男/女朋友一起睡觉吗？

孩子处于未成年与成年的过渡阶段，很多事情的界限变得很模糊。你们会讨论很多的话题，这对于孩子来说是一种历练。记住，你们在讨论的时候，并不需要争论由谁来下结论，更重要的是让孩子学会保护自己。这不是权力的斗争，而是有意义的教育，孩子很快就会用到这些知识。因此，如果你利用自己作为父母的权威来破坏规则，你就会失去历练孩子的好时机，孩子会因此失去宝贵的经验和成长的机会。

你要告诉孩子，你们之间可以讨论任何事情，他们对事情的看法可能是对的，而你可以引导孩子走向安全的路。只要孩子愿意，你们可以讨论环境保护、休闲娱乐、家庭作业、爱情、友情和聚会等等。所有的一切，都是为了让孩子学会承担自己的人生。

让孩子学会掌握生活中的平衡，你需要和他们一起进行决策的讨论，而不是擅自帮他们做出决定。

严苛的界限

如果孩子成长在有着严格规矩的家庭里，他们的界限就会过于严苛，这会导致事情陷入被动，或者引发家庭争论。

明确的界限对一部分青少年来说是一张邀请函，他们有打破束缚的强烈欲望。不幸的是，在过于严苛的界限下成长的孩子，他们的性格通常很内向，往往不敢去做很多事情，不敢尝试新的挑战，在事情还没开始之前，他们就已经决定放弃。对于他们中的很大一部分人来说，网络世界才是可以让他们安心的地方，即使犯错也无所谓，自由自在，不被大人所束缚。

你小的时候，如果经常听别人说："不，我不会这样做，我会选择……"如果不能尝试一些别的选择，或者没有人愿意和你交流，你就会觉得世界变得狭小。这种感觉在青春期尤为明显，特别是他们在找寻自我的时候。他们会觉得这里没有属于他们的位置，没有可以成长的空间。事实上，他们是对的。

青春期的孩子需要通过探索周围的世界来找寻自己独特的地方，他们即将开始寻找自我。在这条路上，他们会感受到伤痛和恐惧。父母通常会特别担心孩子，但是孩子通常会做得不错。在体验过糟糕的感受后，他们会更加明确自己的界限，从而了解自我。

过于宽松的界限

如果你对孩子的管教过于宽松，孩子就会缺乏对领导力的感受，这样会导致孩子无法自己做出重大的决定。青少年不擅长分析和做计划。如果你告诉他们，做作业是他们的责任，那么，孩子有可能一周都无法完成作业，也不知道自己应该完成哪一部分。他们不会明白责任的意思，失败和屈辱就是他们得到的结果。

如果你对孩子说，"你长大了，现在要掌控自己的生活"，这会使孩子迷茫，并把自己的日常生活弄得乱七八糟。青少年仍然需要你的帮忙，才能在生活中找到平衡和完整。

如果大人不能在家里帮助他们，那么孩子就会在外面寻求帮助。他们会模仿那些比他们稍微大一点的、酷一点的或者能够懂他们的人。

对孩子来说，你与孩子持续的交流意味着你对他们表示"你对我来说很重要"。但是，如果你们之间的交流比较少，孩子就会觉得你不关心他们。青春期的孩子会突然觉得自己活着毫无意义。我虽然每天都在处理与孩子相关的工作，但是依然惊叹于孩子们感到被忽视的速度之快。

觉得生活毫无意义的危害，是孩子会觉得不需要对自己负责任。它打开了觉得自己可以被他人以糟糕方式对待的深渊之门，甚至产生受虐倾向。因此，过于宽松的界限也相当危险。

设置界限实际上是表达关爱的一种方式。

害怕是好事吗？

"她会从教训中受益，这就是她学习的方式"，一位父亲在我们讨论他的女儿时这样说道。他的女儿参加了一次不被他允许的聚会，在回家途中被一群少年打劫了。虽然他们只抢走了一些零钱和手机，但这次经历着实把他的女儿吓了一跳。

当事态失控时，青少年很容易陷入糟糕的状况。很多孩子跟我说，他们为了寻求刺激和表现自己的与众不同，曾经做过很多蠢事，例如偷窃、宿醉、打架等。他们大多数都有一个共同的特点，那就是因此变得特别胆小。很多父母认为孩子会害怕是一件好事，他们会从害怕中获得教训。但是，教训是为了让人产生警惕，这才是好的教训。很多青少年因此产生恐惧，不敢和他人分享自己的经历。他们害怕同龄人的嘲笑，害怕被父母关在家里。最终，他们只能陷入深深的孤独和迷惘之中。

恐惧并不是可以让人变得更好的能量。相反，恐惧会限制人的发展，困住人的潜能，使人暂停思考。当你的孩子摔倒的时候，他们希望你在身边，鼓励他们重新站起来。

这意味着，你需要包容孩子。你要学着理解孩子犯错或者做傻事的原因，而不是一味地对他们进行批判教育。

一位父亲问我："如果我接受孩子所做的一切，他们会变成怎样的人？"我回答道：问题的关键不在于你接受他们的一切，而是你要向他们表明，你理解他们的感受。你需要包容孩子的一切，你是他们的守护神。如果你不在他们身边，他们会摔倒，爬不起来。然后，他们会开始封闭自我，或者轻易地向任何一个对他们示好的人敞开心扉。

不要专注于争吵

我被父母问到最多的问题是：如何让青春期的孩子在家里多做家务。必须承认，我在自己家没能做到这一点，但是我并不在意这件事。孩子是糟糕的劳动力。在这个年龄阶段，孩子的执行能力并不好，他们总是喜欢拖延。但是，他们距离独立的阶段不远了。他们需要在某个时间点学会如何用洗衣机、简单地烹饪、清扫。你需要时刻询问并总结他们需要做的小任务。但是，如果你把他们每天要完成的任务做成一张excel表，做完一项任务就在表上打一个钩，我觉得这样的方法很糟糕。如果你这样做，你会发现单单是和青少年生活在一起就非常困难了。

青少年喜欢成就感，他们喜欢被需要的感觉。你可以给出各种机会来满足他们的这项需求，例如让孩子去商店采购日常生活用品、遛狗，或是其他一些你需要帮助的事情。

同时，你需要能够掌控全局。青少年会比他人更容易忘记把牛奶放回冰箱，这只是因为在这个时期他们很难拥有比较好的执行能力。他们可能会忘记把夹克挂回衣架上，或者忘记整理脏衣服，这都是可以归结为发育期的问题。这是他们的生理本能，而不是他们故意为之。因此你要明白，如果你在孩子成长的这段时间里，把关注点放在他们经常丢三落四上，那么你们会经常吵架，陷入无意义的争吵中。而且，你很难在类似的争吵中赢得胜利。

不要把注意力放在争吵上，也不要认为孩子会因此朝着糟糕的方向发展，让这些事情过去。你可以偶尔询问他们能否在饭前帮忙摆放碗筷，或者当你发现桌子脏乱时，问他们什么时候能够帮忙收拾桌子。不论他们做得好或者不好，你都要在他们做完之后说一声"谢谢"。这样他们就会在做完这些事情的时候获得成就感。

善于变通

一位挪威的富豪曾经写过他作为父亲的经历。他对自己褒贬不一，但是有一件事情让他十分自豪：他和处于青春期的女儿讨论确定了她晚上回家的时间。他一生从商，并有一个理念：

> 不论孩子说什么,你要成为那个看穿全局的人。作为大人,你更擅长在生活中找到平衡,在孩子的成长与探索中,他们也需要你来帮助他们找到平衡。

不论任何交易,要保证双赢。

他曾和女儿约定好了她晚上回家的时间,但实际上却渐渐开始难以实现。他和女儿进行了深入的交流,询问她出了什么问题。女儿告诉他,她的朋友都可以比她多玩半个小时,这样就可以一起搭最后一班公交车回家。虽然她不觉得一个人回家有什么问题,但是她不想和别人不一样。

对他来说,这是一个小问题,他可以让女儿选择晚一点回家。通过这个方法,他的女儿觉得赢得了谈判,了解了如何进行沟通。而他唯一的牺牲只是周末在家多等女儿半小时,但是他知道她会获得更多安全感。这是不错的交换。通过他的经历,你会发现良好的沟通可以获得大人与孩子之间的双赢。

作为父母,你需要在家里建立一些规矩。这虽然不会受到孩子的欢迎,但是你能通过规矩教育孩子做正确的事。同时,这也能帮助你了解孩子的世界,你们可以讨论事情的对错,在理由充分的情况下调整回家的时间,在适当的情况下给予孩子做主的权利。优秀的领导需要思路清晰和善于变通。

一起做开心的事情

由于界限容易引发很多的问题,你和孩子之间要讨论的事情太多,因此你们保持良好的关系显得尤为重要。为了保持良好的关系,你们可以一起做一些大家都喜欢的事情,比如可以一起看电影、球赛、演唱会,或是分享同一碗麦片。这些生活上的小美好会让孩子发现,你所做的一切都是为了他好。我的丈夫每周都会带着他的继子去打高尔夫,孩子并没有成为职业选手,但是他们之间的关系非常不错。

如果你的孩子喜欢把自己锁在房间,不喜欢出门,而你们之间没有任何交流,那么你就需要好好学习如何沟通了。这些方法可以帮到你:你们可以在回家的路上去汉堡店,或是看一部你们都喜欢的电影。寻找一些你们可以一起做的小事,生活不只是没做完的家务或者没完没了的条条框框。

不受欢迎的父母

父母双方和孩子的亲密度是不一样的。通常，父母中的一方会和孩子更加亲密。

青春期的孩子通常会和同性别的父母频繁发生争吵。原因很简单，他们会和对方进行比较。你的孩子会希望自己能够成为比你更优秀的男人或者女人，而你则需要接受他对你的批评，哪怕你们以前的关系特别好。

这对父母来说是很艰难的时期。即便如此，相互尊重仍然是维系良好亲子关系的钥匙。记住那些你们和孩子一起度过的美好时光。

那些把双方当成一个团队的夫妻是不错的榜样。父母和青春期孩子之间的纽带很脆弱，因此其中的一方能够和孩子有不错的关系是非常重要的事情。

如果你们是单亲家庭，你就得内外兼顾。作为唯一照顾孩子的人，维系好和孩子之间的关系非常困难。因此，你要变得比其他非单亲家庭的父母更厉害。当你和孩子之间的关系出现问题的时候，你必须马上修复。当事情变得糟糕的时候，你要明白没有另一半可以帮你分担责任，没有可以喘息的时间，但是你在处理问题的时候要和别的父母做得一样好。或者你可以找一位稳定可靠的盟友，在对孩子的管教中获得他的帮助，这对你和孩子来说是好事。

大脑发育
——变得强大的时刻！

　　孩子在出生的时候就拥有一生所有的脑细胞。在接下来的20年中，孩子会将它们互相联系在一起。在建立联系的过程中，孩子会发生几次大的发育飞跃：从孩子出生到他们3岁，这个时间段会迎来第一次飞跃；第二次飞跃发生在孩子7岁左右，他们开始在意自己的外表，学会把自己和他人进行比较，开始产生有逻辑性的思考；11岁时迎来第三次飞跃，孩子在这个阶段学习进度飞快，父母通常对孩子的发育表现得很乐观。但是13岁之后，孩子就不再有飞跃性的发育了。

　　很多父母对此表示惊讶。在此之前，孩子的大脑处于飞速发展阶段，而现在大脑只需要进行调整和剪裁。大脑为了发挥最佳的状态，那部分没有产生连接的细胞将被停止使用，以便大脑更有效地工作。大脑一直在为成熟阶段做准备，但这个调整和裁剪的过程也会导致它发生混乱。数千年来，人们一直被这个问题所困扰。从古代开始，人们就在抱怨青少年做事毫无章法，他们总是忘东忘西，难以学习新东西，还懒惰。

另外，当青少年做出错误的判断时，他们往往需要承担很大的风险。当孩子无精打采或者带着老师写下的批评回家时，很多父母会觉得自己没有尽到父母的职责。事实上，这与父母的教育方法无关，而是孩子大脑发育过程中产生的正常现象。

跑　车

青少年的大脑就像一辆跑车。它动力十足，但是无法与控制中心有效联系，刹车不能正常工作。他们目前还没有控制引擎盖下面各个部件的能力。因此，青少年的情绪会加速向四周散播，这也是我们觉得他们经常做一些没有意义事情的原因。

大脑最后一个成熟的区域，是位于额叶最前端的背外侧前额叶皮层，这一区域是与控制中心连接的关键。我们利用这一区域进行分析、评估信息和做计划。我们会用这一区域进行思考，产生"嗯，这可能不是一个好的主意"的想法。虽然这个想法只是瞬间闪过脑海，但是脑子里会产生警告的效果。"如果我从这里跳入水中会发生什么事情？""要是我一下子喝完整瓶水会怎么样？"但是，青少年的大脑还没有和控制中心进行充分的连接，这导致大脑这辆跑车时不时就会出现开错路的状况。

这是否意味着青少年很愚蠢呢？不是，大脑只是需要经历这个成长的过程。仅仅需要微调一下连接的过程，大脑就会变得更好，并且运作起来更精细。大自然给予我们更好、更高效的大脑，但是我们必须经历这个成长过程，无法回避。作为父母，你所看到的实际上是青少年受到大脑发育的影响而做出的行为。不久，连接的工作就会完成，你将为孩子的发育成熟而感到惊叹。

这是正常反应，混乱很快就会结束。

当孩子16～17岁时，大脑会迎来新的高速成长阶段。整理和裁剪的阶段已经结束，青少年现在的状态宛若新生，他们拥有更强的理解能力和洞察力。因为他们各方面的状态处于较高的水平，所以很多青少年在18岁的时候，觉得自己已经是个大人了。虽然之前很多研究认为，青春期末期的青少年大脑已经发育完全，但是最新的研究表明，大脑最后的发育阶段直到20岁时才会结束。这时人们才会对自己的身份和形象有正确的认知。而在生理上，男孩又往往会比女孩晚发育。

他们还需要一段时间才能成为真正的大人。

忍耐辅导的过程！

很多人觉得，教育青少年就像在攀登高峰。这里有两个重点需要记住：

其一，大脑会在使用过程中成长。例如，当你们一起写数学作业的时候，只要忍耐一下，孩子的大脑就会有机会掌握新的知识。当他们被作业难倒并因此发愁时，你能做的事情就是一定不要让他们放弃。

"我在这里，坚持住，我们是可以找到解题方法的。"这条带着正能量的信息能够帮助孩子改变想要放弃的想法，并且从中受益。

♥

为了让大脑更好地成长，它需要安全感和刺激。要给青少年提供一个可以不断进行练习、尝试的地方，帮助他们迎来成功。

其二，大脑需要足够的安全感，从而促使它更好地发育。安全感是大脑发育的燃料。这意味着它需要一个地方，让它可以安全地尝试、犯错、整合以及再次尝试。通过这样的过程，大脑方能建立正确的知识联系，掌握新的技能和方法。为了孩子的未来，你必须忍受给孩子辅导作业的枯燥，向孩子提供知识，与孩子讨论并展示你的知识，或是承认你不擅长的部分。中间你们可以休息一下，把数学书放在一边，和孩子吃一些好吃的食物，聊一些生活上开心的事。美好的时光比什么都重要。不久，你会发现这些努力都有意义。

学习需要毅力。

在青春期时，大脑不是只吸收来自学校的知识。通过理解、掌控和行动，从而了解自己的情绪也是对大脑发育的重要支持。在一定程度上，这取决于你们平时的相处。例如，当他们做作业时，当你们一起吃晚饭时，当他们晚回家时。要让青少年明白，糟糕的时期迟早会过去，愤怒有多种表达方式，任何人都会需要别人的帮助，所有的事情都会让我们更加了解自己的情绪。这些学习的窗口会在青春期逐渐打开。坚持住！你现在给予孩子的这些训练，会让孩子在将来获得更好的生存能力，并且更好地适应这个社会。

思考未来

很多人对于青少年无法按照计划行事这一点表示无奈。你出门之前把一切都安排好，告诉孩子要做的事情，等你回家的时候却发现他们什么都没做。对待学业也是如此，孩子老是拖到最后一天狂赶作业，你对他们说要做合理的计划，他们则小心地回答说忘记了。

我经常听到一些父母抱怨说，因为这些小事情，他们对孩子失去了耐心。这很好解释：我们的记忆力是需要调整的，而且分成好几部分。记住即将要做的事情的那部分记忆力，属于最后完善的部分。因此，对于青少年来说，执行计划显得尤为困难。但是，这种情况在大脑完全发育之后会有明显改善。你的孩子本身并不差，只是大脑在进行连接的过程中，恰好碰到了困难的部分。

一切都会慢慢变好。

当孩子在数学测验、足球运动和整理房间方面表现得很差劲的时候，很可能是因为大脑在进行最后的调整。他们表现不够好，但已经尽力了。

认真和整洁

我在挪威中部的一个城市做演讲时，一对父母曾经和我说道："总是有很多人抱怨青少年不爱干净和健忘，我们家的情况却相反。我的女儿会把衣服叠成豆腐块再放进衣柜，她非常爱干净，在学校表现得很出色。但是，我们却因此快被逼疯了！"

孩子做事情过于循规蹈矩，例如做作业到深夜，反而会给自己过多的压力。可是，大脑本身还没有发育到可以让他们把事情做到符合自己要求的程度，他们就会因此而付出更多的努力。作为父母，你需要告诉孩子，努力做事是正确的，但是花费过多的时间在这上面，可能不会获得更好的结果。世界不会因为卫衣掉在地上没人收拾而毁灭。

你可以鼓励他们继续认真地做事，但是也要确保孩子不会因此给自己过多的压力。当他们对自己过分严格时,他们就会产生糟糕的想法和情绪。你能做的最好的事情,可能就是和孩子一起创造一些欢乐的时光,让孩子能够有喘息的空间,从而找到学习与休闲的平衡。

足够好

所有的父母都会犯错。你以为，孩子小的时候，你会很容易在孩子身上犯很多错误。遗憾的是，即使到现在，情况依然如此。青少年并不热衷于讨你欢心，他们甚至不像小时候那样喜欢和你聊天。那些糟糕的日子终将到来：孩子会在吵架过后产生糟糕的情绪，质疑你因为步伐过快而让他们感到喘不上气。有的孩子会很生气，而不是寻求帮助，有的则是哭着做作业。绝大多数的父母会在此时觉得，自己是糟糕的榜样。

但是你要知道，在孩子的成长过程中，你最需要注意的是避免犯下无可挽回的重大错误。

如果你对孩子进行体罚，抓着与孩子之间的争吵不放，你的孩子一直听到你对他们的不满意和各种批评，那么亲子关系就会处于很危险的境地。

反之亦然，如果你放弃对他们的管教，对他们做的事情视而不见，停止帮助他们，并觉得他们已经成长到足以自己应付一切的程度，那么危险的信号就会开始闪烁。

但是，如果能做到介于两者之间，那么你就做得足够好了。在这个过程中，你可能会

觉得不确定，觉得选错了方向，觉得你没有走入孩子的内心或者孩子不愿和你分享自己的生活。所有父母都会有这样的感受。你可能会因为这样或者那样的原因，觉得自己不是一个合格的家长，但是你很快就会发现，世界上没有完美的父母。

青春期还很长。

当你和孩子在那些糟糕的日子里挣扎时，你要告诉自己，你已是足够好的家长了。

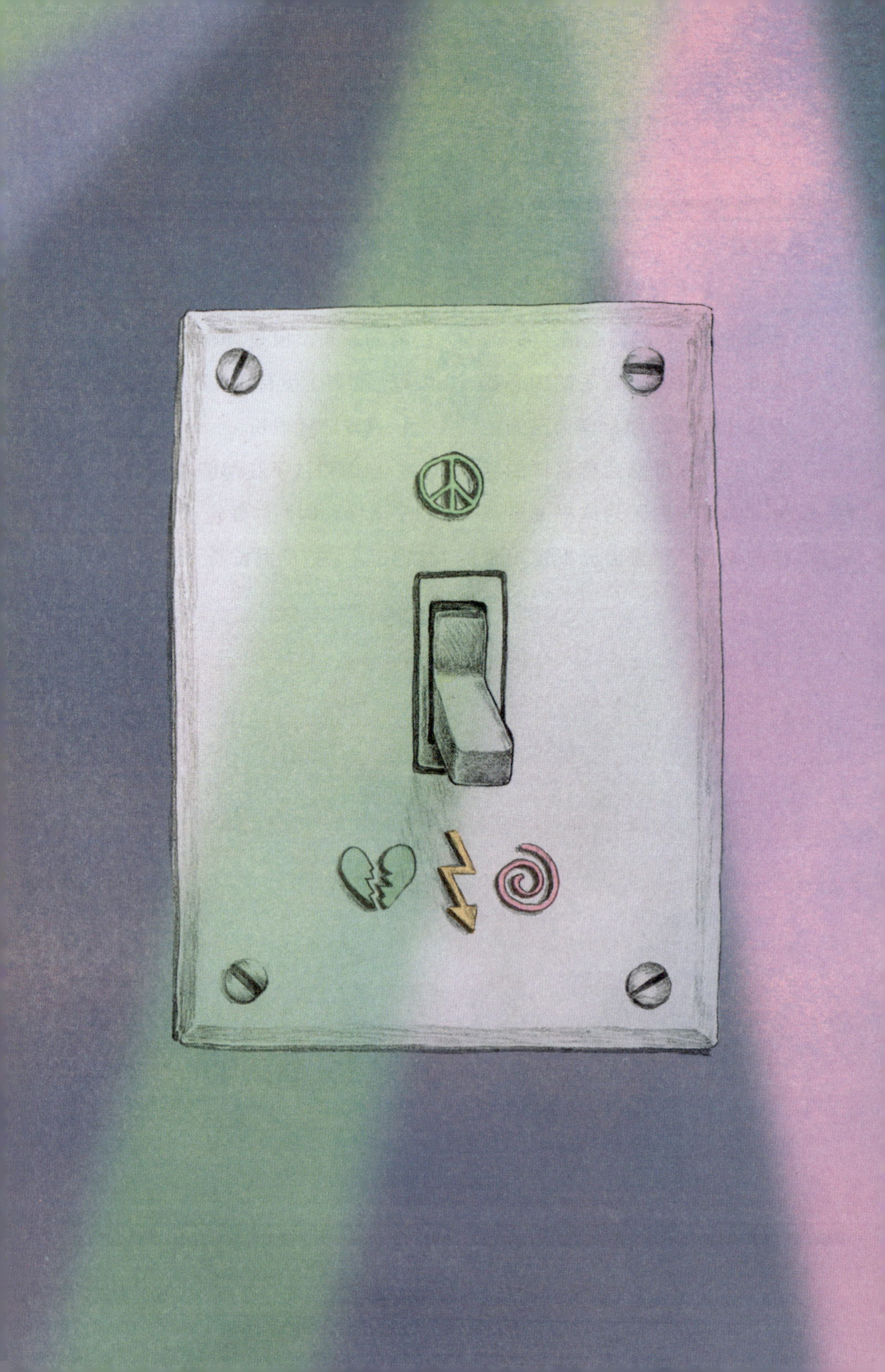

第三步
理解孩子的感受

到目前为止,你可能觉得你对孩子已经足够了解。你了解他们的性格,明白他们的兴趣,知道如何让他们恢复平静、如何逗他们开心——你很了解他们。

然而,现在事情起了变化。

仿佛误碰了某个开关,孩子强烈的情绪奔涌而出。他们的悲伤被加剧,失望被放大,愤怒被扩散。青少年会忽然间觉得自己十分愚蠢,充满羞耻感,陷入困境或者觉得自己没有未来。这是多么绝望的感受啊!

为什么孩子的情绪忽然之间就变得强烈起来?我们可以从多方面找到原因。例如,激素在身体里乱窜,大脑正在进行成长程序,以及青少年在尝试了解内在的自己。了解这些原因之后,问题就变得更清晰起来。

对你和孩子来说,处理这些负面的情绪会非常棘手。

崭新的情绪

任何一个孩子进入青春期，都会马上在家庭关系中表现出来。例如，孩子会对你说"你非要穿成这样吗？"，或者"记得我们在旧货市场买的沙发吗？几乎没有人会用那种沙发！"。

一天，我儿子从学校回来，他觉得我们住在公寓是一件丢脸的事情。他说："所有人都住在别墅里，妈妈。"

孩子会产生强烈而崭新的情绪，从而想和熟悉的事物保持距离。这是成长的一部分，他们在尝试寻找自我，他们会用一种新的视角，审视伴随他们长大并且渡过了美好时光的家庭。他们在寻找更好的模板，梦想着更好的生活、更酷的父母、更好的饮食习惯、更漂亮的厨房、更轻松的氛围、更舒适的汽车等等。

♥

多向青少年提开放性的问题，表明你对他们的回答很感兴趣，并且不是责备或者评价他们。

"你哭了吗？"

处于青春期的孩子会产生强烈的羞耻感，他们会比成年人和小孩更了解那种感受。

青少年在做事时不喜欢父母盯着他们，所以很多父母都有被孩子要求离开的经历。"老觉得别人看着我"，这是很多孩子脑子里不停回响的念头。在很长一段时间里，青少年总在躲避别人的目光，避免暴露自己。他们觉得，在别人的注视下，自己仿佛瘫痪一般，充满了羞耻感。

这并不荒唐。羞耻感是我们在生活中体会到的一种强烈的情绪，它在你内心里不断摩擦，并产生难以与他人分享的回忆。

我的一个朋友住在距离奥斯陆一个小时车程的小镇上，他初中时有一次和班里的同学去城里玩。男孩们走进了一家书店，我的这位朋友看到了一本显然是未成年人不能看的书，书里的照片特别开放。他全神贯注地看着那本书，忘了自己还只有14岁。突然，他看到其他男孩准备离开这家书店，于是赶忙跟了过去。慌乱之中，他忘了手上还拿着那本书。在他走出门口时，警报声突然响起，工作人员冲了过来，把他带到了办公室。他被工作人员告知，因为他想要偷书的行为，他们将通知警察，他的父母必须到警察局接他。他一瞬间蒙了，开始哭泣。最后，一名工作人员可怜他，决定不报警并放他走。

他神思恍惚地走到大街上，再次见到了他的同学们。同学们直到这时才发现刚才他不见了。"你哭了吗？"他们问。他极力否认："我才没有哭呢。"他并没有告诉同学刚刚发生了什么事情，整个人还沉浸在深深的恐惧里。

回到家后，他跟父亲说了这一整天的经历。但是，他的父亲唯一关心的是他在商店里发生的事情。可是他不敢告诉父亲关于那本书的事。

很多年以后，他再次来到奥斯陆，成年后的他依然能感觉到当时在商店里的不愉快。那股羞耻感一直在告诉他：缩起脖子，藏起来，快藏起来。

如果当时有人了解事情的经过，如果能有人告诉他，世界并不会因为那一个小插曲而毁灭，那么我的朋友肯定会对奥斯陆的感觉有所改观，也不会对那类书有不舒服的感觉。

你的孩子可能会出现在不该出现的聚会上，可能会站错队、睡错床，这些错误就这么发生了。但是，你不必总是提起他们犯下的错。

如果你可以告诉他们，生活中不论出现什么问题，明天的太阳都会照常升起，一切都会好起来，那么他们可能会对糟糕的经历释怀很多。之后，你就可以找机会帮助孩子走出阴影。

> 在这个年龄阶段，羞耻感会比以往更强烈。这可能是因为个性和性启蒙让孩子产生了自我保护的想法。在你无法接受别人审判的眼光时，你也会产生羞耻感。但不管怎样，事情总会慢慢变得平静。

你不需要在青少年面前按下返回键，重提羞耻的往事。他们已经承受了足够多的压力。我知道，事情很多时候并不总是这样，但是羞耻感是青少年最强烈的情绪之一，它会给青少年带来身心上的严重伤害。

羞耻感的危险在于，它会把人推向绝望。陷入越深，绝望越大。

没有任何人能像父母一样，可以把青少年从绝望的深渊中拉出来。因此，处于青春期的孩子更需要来自父母的关心和温暖。只有亲近孩子的人，才能体会孩子的心情。

寻找感觉

相比成年人，青少年的情绪波动更快、更剧烈，但这并不代表那是虚假的情绪。我们可以从青少年的情绪中找到触发的原因。有的时候，可能只是因为他们饿了、困了；有的时候，是因为他们遭遇了不好的事情。你如果仔细观察，就会找到孩子产生情绪的原因，不论好坏，肯定有某种原因触发了孩子的情绪。

你可能会安慰孩子："是啊，是啊，这就是青少年的生活。"但是，这样的安慰对青少年来说是远远不够的，孩子还是会觉得很孤独。

因此，你应该提醒自己去关注孩子的情绪。有时我会想起我的闺蜜，她被男友甩了。我们一起站在地铁站的门口，她带着颤抖的声音说道:"我只是想要快乐。"

当生活崩溃的时候,你跟孩子说,很多人都经历过这样的事情,这对孩子来说并不能起到安慰的作用。你首先要了解孩子的感受,然后再向他们提供帮助。

你要倾听孩子所说的话,而不是对他们所做的事做出审判。

我们都会经历这个阶段,主要的目标就是不要让孩子在青春期这条路上,觉得只有他们一个人。

糟糕的评论

据我了解,大部分父母都会遇到这类情况:你走进孩子的房间,他正在休息。你脸上带着一点着急,脑子里想着明天需要完成的工作,然后问问孩子过得怎么样。你捡起地上的衣服,收起桌子上的盘子。突然,孩子变得愤怒,抱怨你总是在生气,在指责他、取笑他,你一直在唠叨。

为什么会变成这样?

在某个阶段,青少年会很难照顾到别人的感受。

无论是大人还是小孩,他们都会在脑海中记录别人是否害怕、沮丧、生气或者失望。青少年倾向于把他人的负面情绪理解为愤怒,并且会感觉别人在攻击他们。于是,他们开始建立起防御情绪进行抵抗。至于孩子为什么会这样,我们很难得知原因。可能是孩子在解读他人情绪时,他们的能力还并没有达到可以正确解读的程度吧。孩子为此筋疲力尽，面对情绪毫无章法。可能在这个年龄阶段，他们经历了很多困难的成长过程，因此他们总会觉得别人永远在生他们的气。

我认为，青少年在这个阶段正在寻找新的办法和解决方案。他们会思考父母和其他成年人的缺点，通过站在别人的对立面从而找到自己。通过把你推开这种方法，他们可以更自由地寻找自我并发现事物的另一面。

因此，青少年会做出一些匪夷所思的事情。例如，他们可能在五分钟前刚刚和你大吵了一架，然后像是什么都没有发生一样走出房间，问你要钱买新的裤子。他们仿佛忘了不久前的争吵和愤怒，而事实确实如此。

♥

如果青少年能说出自己的伤痛，他们就不会被那些被隐藏和掩盖的事情所伤害。

孩子会在剧烈的情绪波动后产生深刻的记忆，这就像是个存档系统。在青春期，孩子的情绪会更剧烈、更波动。例如，当他们产生新的情绪时，他们会告诉你"我需要一条新裤子"，五分钟前发生的争吵就好像从来没有发生过一样，之前的情绪已经退去。这就是造成父母困惑的原因。因此，人们会觉得青少年看起来不稳定、不正常，甚至很陌生。

事实上，这就是一件很普通的事情。

我记得一位父亲曾经抱怨，他的女儿会朝他发火，不久之后却依偎着他，给他一个拥抱。"这种感觉很假，就像她在戏弄我。"他说。我向他解释，他的这种感觉并不正确，他女儿只是情绪上头才会和他吵架，她内心里依然是当初的那个小女孩。孩子从愤怒到欢喜的过程很短，短到让大人觉得迷惑。但是对于青少年来说，这是一件再正常不过的事情。因此，父母需要接受孩子突然的情绪转变。这通常会发生在孩子 13～15 岁之间，之后就会趋于平静。

在这期间，你需要尽量避免陷入争论，避免被孩子误解。你可以一遍又一遍地向孩子保证，你并没有生气。可能这么做会让你觉得有点过火，但这是必要的举动。

当她走出房门，问你要买裤子的钱，你掏钱时可以顺便和她说说功课的事情。你可以说："是啊，你现在可能需要新的裤子了。那么，英语作业呢？你写完了吗？"

又困又累

孩子到底会有多疲倦、多劳累？答案可能是又累又困。青少年很容易觉得身心疲惫，然后开始自暴自弃。不良饮食、久坐不动等，但这些并不是导致他们疲惫的真正原因。

主要原因是他们的身体和心理都在经历工程浩大而又艰巨的发育过程。

当孩子的身体开始发育，产生变化，这会让他们觉得疲倦。孩子的免疫系统变得脆弱，更容易生病。这时候，喝一杯热饮通常可以缓解很多不适的症状。

在这个阶段，你要给疲惫的孩子一个微笑，好好照顾他们。他们需要在觉得糟糕的时候，有一个强有力的盟友。

特 征

在童年里，找一个让自己有归属感的地方是非常重要的事情。父母要给孩子一个专属于他们的地方，要努力适应并忍受孩子的各种负面情绪。对很多家庭来说，这是一件非常困难的事情。

当然，这不仅对父母来说很困难，孩子也一样面临着困难的挑战。他们懒得告诉父母他们不合群的原因、他们不想参加篮球社的理由，或者他们不想和自己的好朋友见面的缘由。于是，他们开始在新的环境里寻找归属感，或是把注意力放在自己身上，独自在房间里打电脑游戏。这种改变匪夷所思并令人喘不过气来，很多父母因此抱怨道："我们觉得现在的情况糟糕透了。"

人类喜欢群居。我们需要能够认同我们的人、与我们相似的人、让我们觉得是同类的人。自始至终，这件事对孩子来说都非常重要。事实上，这件事一开始就诞生于亲子关系之中，孩子对父母有着强烈的信仰。随着孩子的成长，他们有了新的认知，觉得自己很特殊，和父母不一样。这是发展自我认知的一部分，伴随着青春期的到来，孩子对此有着强烈的需求。你从很多方面可以发现，孩子对你的信仰开始消失。例如，他们开始向你提一些带着挑衅意味的问题，就是为了显示他们与你的不同。对孩子来说，这是他们必须要做的事情。他们尝试寻找自己的特征，即使你是世界上最棒的父亲或母亲，即使你拥有世界上最好的价值观，但这对孩子来说没有什么用。他们所追求的只是和你保持距离，从而找到自我。

无论如何，孩子始终有很大的概率会变成和你一样的人。某一天，当他们老了，他们会在镜子里看到父母曾经的模样。但是，他们现在需要找到自己的小角落、自己的立场。

青少年处于追寻自己的自由、变成独立的成年人的阶段。这是他们生活的一部分，但这并不意味着对你的背叛与挑衅。

因此，我希望父母们用一种好奇的角度去看待这个问题，并思考"谁在成长"，抱着开放的心态，让那些事情自然而然地发生，给予孩子多一点支持，多一点倾听。无论如何，孩子始终需要源自父母的亲密感和归属感。

在这之后，会发生一些美好的改变：你们的关系会变成真正的爱。之前的信仰和无尽的钦佩会消失，取而代之的是孩子变成一个可以独立思考的人。两个独立的人格相互吸引，明白亲情的含义。你的孩子带着对你的爱，言行举止也变得越来越像你。

这并不容易。

在这个过程中，大家都会受到伤害。但你要明白，孩子并不是故意的。他们做那些事情，只是因为他们觉得就应该那么做。

当他们找到了自我，他们就可以给予他人更多的爱。

然后，他们开始学会妥协，对于他人的审视变得淡然，跟自己和解，规划未来，对他人微笑。你会等到他们变得和你相似的那一天。

间接的称赞

青少年需要鼓励。"坚持、练习、努力,你就一定能克服一切困难!"但是在某个阶段,他们会不喜欢明显的表扬。"你真聪明!"这样笼统的赞扬有时候会让青少年觉得,你并不是在真正地表扬他们,而只是敷衍。如果你不是真心地赞扬他们,你这么做只是为了安慰他们,他们会瞬间从你的言语中明白一切。

因此,你需要一种更好的鼓励方式。例如,当你们玩得很开心或者孩子很高兴的时候,你可以进行鼓励或赞扬。你可以具体地描述当时发生的事,例如:"天啊,你居然在不可能的情况下把这件事情完成了,太棒了!"

最有效的鼓励是在你询问之后,孩子主动告诉你自己做了什么的时候。"哇,你通过了考试!告诉我,你是怎么做到的?"当孩子做了好事,并告诉别人的时候,有加倍自豪的效果:他们觉得自己很聪明,他们理解自己做这件事情的意义。

你需要给孩子一个告诉别人他们很聪明的机会,不要评价,而是鼓励孩子说出自己的事迹。

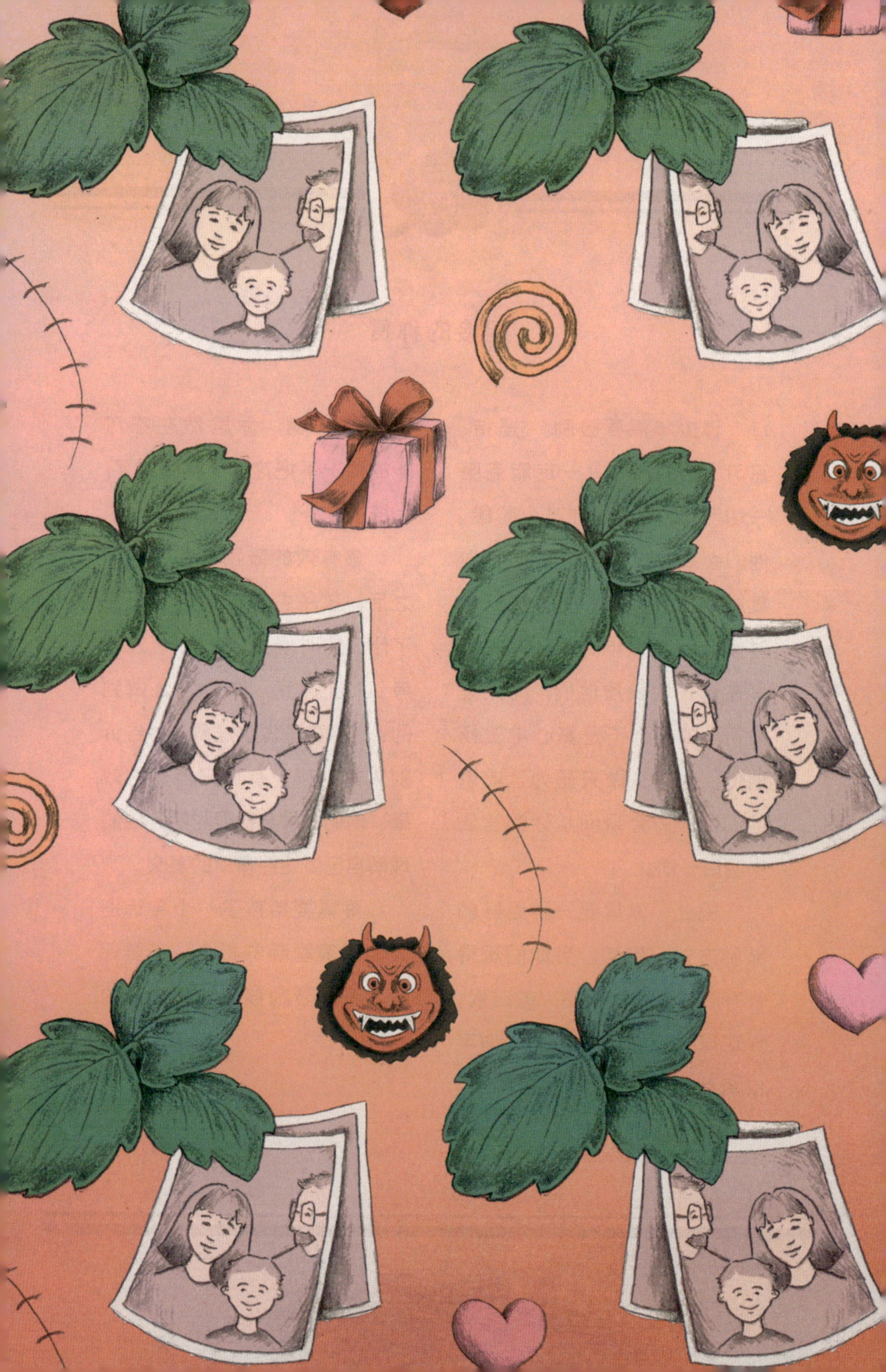

第四步
反思自己的反应模式

当孩子经历青春期时,你也会从中体会到当年的自己。你觉得管教孩子这件事情只与孩子有关,事实上,这也关系到你自己。孩子经历的每一个成长阶段,都会给你新的机会,让你遇见曾经的自己。例如,你会回想:我在这个年纪是什么样子?我是如何成为现在的我的?我可以获得什么东西?我应该停止做什么事情?你如何看待自己的童年,你选择成为什么样的人,这关系到你和孩子之间会建立什么类型的纽带。

因为,孩子在青春期会产生强烈的情感和剧烈的情绪波动,并且孩子处于即将成年的阶段,所以这对父母的要求更高了。现在,父母在培养和管教孩子时扮演的角色,跟在孩子小时候的角色完全不一样了。同时,你可以回旋的空间越来越小,而任务却越来越艰巨。

你体会过的青春期,你经历过的一切,你所害怕的事物,这些体验会一直伴随你。因此,你需要把这个时期你害怕的事情做一下分类。当你希望帮助孩子面对那些曾让你害怕的事情时，你首先需要区分那些让你害怕的事情中，哪些是合理的，哪些是需要特别注意的，以及哪些是让你产生恐惧情绪的糟糕经历。

你如果希望维系好和孩子之间的纽带，就需要学会纵观全局。你必须用成年人的角度审视你的青春期。你首先需要尝试理解你的孩子、包容你的孩子，并给予孩子足够的空间。

被掩埋的过去

萨拉坐在我的沙发上，双臂环抱着双腿，诉说着自己的成长经历。我们花了很多时间才进入这个话题，她觉得她的童年充满黑暗和未知的场景，让她害怕进行回忆。萨拉是二代移民。在她的童年时期，在两种文化中寻找平衡是非常困难的任务，她经常有这样的疑问："我到底属于哪里？"

♥

向青少年提出问题，表现出你对他们的回答很感兴趣，但不要对他们的回答进行批评或者做出判断。

现在，萨拉已经尽全力做到最好，她内心的冲突已经结束。她已经是个大人，但曾经的阴影仍站在她的身后。她有两个女儿，现在都处于青春期。她和女儿在一起的时候，经常想起曾经令她恐惧和痛苦的往事。女儿们正处于迈向成年女性的门槛上，但是萨拉却很难看到女儿们身上的独立性和第二性征。

"我觉得我的女儿们离我很遥远。"她第一次和我交谈时这么对我说。女儿们回到自己的房间，关上房门，母亲独自一个人坐在客厅里，内心充满了不安。我们用了很长时间聊青少年的成长，我尝试解释她的女儿们正在经历的阶段，把我能想到的话题全都聊了一遍。渐渐地，我发现问题的关键并不在于她的女儿，而是她自己。

最后，她讲述了当时作为外国移民，如何让班里的挪威人接受她的过程。

当时，她和一个比她大一些的男孩做出了超出她底线的性行为，并且她傻乎乎地认为这是必要的行为。当她说着自己14岁的遭遇时，她浑身颤抖。我能听到她声音中的沮丧。

如果你在小的时候经历过性虐待，或者是超过你接受程度的性行为，那些伤痕会深深地藏在心里很多年。但是，当你的孩子成长到同一个阶段，当你看到他们带着幼稚、不安和开放的态度面对曾在你身上发生的事情时，曾经的恐惧感会瞬间充

你可以和孩子度过更好的青春期。

斥你的全身，仿佛你又要经历一次那样的遭遇。

萨拉很了解身体看起来像个大人，脑子却依然处于未成年那个阶段的糟糕感受。她也很清楚理解别人的俚语有多困难，特别是她又来自另一个文化背景。最后，她没有办法说得更多，只能掩面哭泣。我坐在她身边，拥抱着她颤抖的身体。然后，我问她，在她14岁的时候，她希望有人为她做些什么事情吗？"我希望有人能够关心我。"萨拉回答。她渴望当时能够有一个理解她的人出现，告诉她这些事情不是一定要做的。萨拉的父母当时并不在她身边。他们正在努力地适应异国的生活，维持生计，期待过上安定的日子。他们已经尽全力做到最好。但是，他们没有机会了解或者阻止女儿遭遇文化差异时所导致的事情。

我问萨拉，她觉得女儿们目前最渴望什么东西。她尴尬地笑了："我没有考虑到这些。但是，我可以给她们的会比我父母给我的更好。我觉得我的女儿们不用再经历那些在我身上发生的糟糕过往。"事实上，她正在努力用自己的方式帮助女儿们。她已经找到了她的父母没能找到的答案：对青春的理解。

更好的青春期

不好的遭遇就像凹凸不平的伤疤，如影随形地跟着我们。我见过很多成年人因为曾经在学校经历过不好的事情，或者是父母的亏欠，从而对生活失去信心。一部分青少年被过分照顾，一部分则被父母过早放手，有的甚至有被粗暴对待的经历。不论你的过去是什么样子，我只知道：你不是你的母亲，也不是你的父亲。你可以成为比你父母更好的父母。你可以变成一个让孩子想要亲近、信任的人，你是那个可以引导孩子的人，你可以让孩子在成长的路上不必经历你曾经的遭遇。

更好的青春期，这就是你给孩子最好的礼物之一。

令人恐惧的路

两个星期后，萨拉又来了。她说，家里发生了一些不一样的事情。她在这两个星期和女儿们说的话，比过去两年的都多。她们并没有聊起她发生了什么事情，也不是和她害怕的事情有关，也没有关于性方面的话题。但是，她听着女儿们说的事情并且参与其中。"我知道我没有认真听她们说话，因为我始终都在思考着自己的事情。我一直想着万一她们遇到糟糕的事情该怎么办，而这个想法阻碍了我去听孩子们想要和我说的话，例如她们在体育馆或者公交车上发生的小事。"

父母总是很担心孩子走上那条曾经令他们害怕的路，这是很自然的。但是，这会让我们一直把注意力放在孩子们可能会经历的那些糟糕的事情上，让自己的情绪被青春期的糟糕情绪和梦魇所干扰。这种情绪可能会不知不觉地冒出来。问题的关键在于，你需要停下来，然后问自己："我到底是因为什么而害怕，或者这些恐惧感来自什么地方？""我因为什么而产生这种感觉？"

如果你能够过滤掉自己的恐惧和曾经的梦魇，你和孩子之间的纽带就会更加牢固。这个过程并不容易，但是值得你为之努力。了解自己的恐惧是让事情顺利的最佳保障。

宽恕的机会

很少人像萨拉那样拥有如此富于戏剧性的故事，但是大部分人都做过让自己后悔的事情，做过那些希望自己永远不曾做过的事情。我自己也曾经带着青春期的羞耻感直到成年。当我 30 多岁的时候，我依然希望把自己在 15~16 岁之间做过的那些蠢事抹掉。这种情况一直持续到我有了孩子。我发现，不管人们在青春期做了多少蠢事，都不意味着世界会因此毁灭，或者会给余生带来多大的负面影响。我的孩子帮助我原谅了曾经的自己。我明白，通过孩子，我发现了曾经的我有多么不成熟。我接受了我曾经做出的糟糕决定，对此我的想法也不再那么消极。

青少年给我们机会去理解、原谅曾经的自己，让我们勇敢走向未来。

学会宽恕自己和别人会比较容易获得幸福，成为一个好家长。对孩子和自己慷慨一些吧。

你可以问问自己这些问题：

1. 我 13、16 和 19 岁时是什么样子的？

可以回忆一下自己当时是什么样子的，和谁一起玩，当时觉得自己怎么样。如果还保留着过去的照片，也可以看看。

2. 什么是我在青春期觉得最困难的事情，它是怎么影响我的，是好的影响还是坏的影响？

3. 当我还是青少年的时候，我最希望别人帮助我做什么事情？谁是我最需要的那个人？

4. 当我觉得扮演父母角色很难的时候，到底是什么原因让我觉得难？

5. 我要怎么做，才能让孩子觉得安全并找到自我？

青少年的成长
——年复一年

13 岁和 17 岁的孩子有着巨大的差异。每个人的成长方式也有着巨大的差异性。孩子们进入青春期的先后顺序会有所不同，但是大家最后都会经历一样的阶段。男孩和女孩的发育差异很大，男孩通常比女孩晚一年半进入青春期。因此，9 年级的班级合照看起来很奇怪，女生看起来很成熟，而男生依然像个孩子。需要注意的是，女孩在心理成熟之前，身体就已经看起来像个成熟的女人了，但是这并不意味着她们已经成长到可以独自选择伴侣的程度。男孩则与之相反，他们在很长一段时间里看起来还很幼稚，直到 20 岁左右的时候才会看起来像个成熟的男人，有着有型的肌肉。

在青春期早期，大脑需要学习处理一些事情。女孩的性激素分泌比男孩更剧烈，女孩往往会有更剧烈的情绪反应，因此女孩的父母通常会觉得这些年的任务很艰巨。女孩的青春期通常比较短，但是更强烈，更不稳定。这意味着女孩比男孩的青春期结束得更早。不管他们的差异有多巨大，我不认为这是比较哪一类更好的理由。每一个青少年都有自己的故事。

13~15 岁

大脑在这个阶段会突然出现倒退的情况，尤其是在理解和判断的部分。在这个年龄阶段，孩子通常会变得更加笨拙，情绪变得更加不稳定，他们无法判断风险并且变得更加以自我为中心。总的来说，这是孩子一次性面临很多身体上的变化导致的结果，他们需要把一部分事情拒之门外，使得大脑有空间进行发育。同时我们会发现，孩子很难理解和明白他人的感受，对他人的反应很容易产生错误的理解。

青少年在很多方面都做得不好，这容易令他们感到沮丧、失去动力和被他人冷落。父母、老师需要做好心理准备。你们需要把这个阶段当成孩子的低谷期、充满挑战的时期，而不是将其作为孩子的道德问题，这会让孩子觉得难以面对家长。这个时期，所有麻烦都会随着时间的推进而慢慢变好。

15~17 岁

青少年变得越来越能理解别人的观点，能发现周围的世界并产生兴趣。经历了一段学习新技能的困难时期后，他们

进入了学习的飞跃期。孩子对新事物的接受程度越来越高，并且他们能够运用和研究自己学到的新技能。因此，你们应该与孩子多交流，并且认真倾听孩子所说的事情。

你需要注意，孩子有时候会产生一些不合时宜的主意。他们希望完整地表达自己的观点，有可能观点会比较极端。因此，交流非常重要。你可以为孩子提供不同的观点，让孩子可以更好地理解事物。

17~21岁

现在，我们已经真正地走出了幽暗隧道。大脑的发育再次达到一个高峰，青少年已经成长到能够以成熟且现代的方式理解别人的想法与观点。他们已经意识到自己可以畅想未来、做计划、做决定。同时，他们发脾气的次数也越来越少。在这些年里，你需要给孩子更多学习、独立的空间。也就是说，在大的问题上引导他们，在小的问题上尽量放手。

重要的决定

大多数国家规定,是否可以饮酒、发生性行为和选举的年龄界限在 16～21 岁之间。这是因为,我们在那时已经发育成熟到足以做出自己的选择。

但要注意,成长的道路漫长,得徐徐图之。根据我们目前对大脑发育的了解,对大多数人来说,16 岁就做出重要的决定可能为时尚早。

群体压力

可能有一天你会发现，你乖巧的儿子在大冬天不戴帽子，敞开大衣，行为举止表现得像一个你完全不认识的人。你看着远处的那群男孩，完全不理解他们的行为。他以前不是那样的人，不是吗？但是，男孩群里的他看起来就是那个样子。

所有人都需要面对群体压力，这对青少年会产生特别强烈的影响。归属感是根本原因，因为害怕被冷落，所以我们努力适应群体生活。它并不是一无是处，它可以帮助我们找到相同的兴趣，从而避免孤单。但是，我相信很多人都会遇到被胁迫的情况，因为群体压力而被迫对错误的事情表示赞同，这是一种不好的感受。因此，我们发现自己的孩子遇到那种情况的时候，会特别担心。孩子不仅仅会表现得让你感觉十分陌生，他还无法坚持自己的观点和立场。

研究表明，青少年如果觉察到自己被同龄人注视，他们在做事情的时候有更大的概率会选择冒进的方式。他们会因为群体压力，而表现出与在家时完全不一样的自己。

通常，青少年无法对自己做出的蠢事进行风险评估。但是我发现，很多孩子很清楚上错车、在商店里偷窃或者在学校后院吸烟的后果。不过，他们觉得这是值得冒险的事情，只是因为和同伴在一起。

我们都会经历一个坚持自己立场和平衡他人的阶段。当孩子说"我知道那很蠢"时，我们没有理由怀疑他们的立场。

不论你警告孩子多少次，有的时候他们还是很难对别人说"不"。这不是因为青少年想要忤逆你，而是在群体压力下他们没有办法说出口。作为父母，我们需要了解孩子的感受，并且帮助孩子自然地对别人说"不"，而不会觉得说不出口。

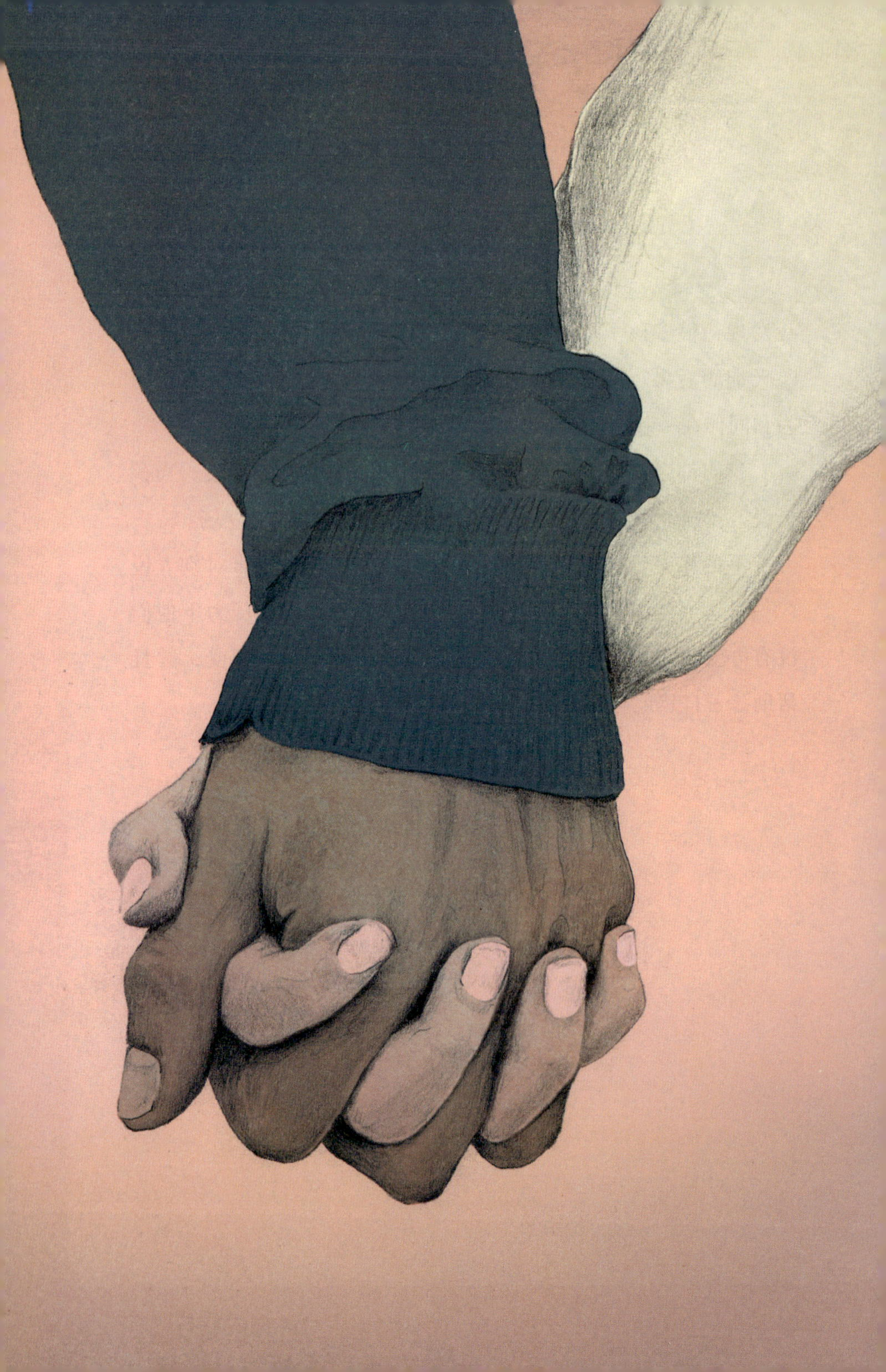

第五步
家庭里互相关心

对大多数父母来说，孩子青春期之前的几年，他们的任务相对轻松。孩子能自己做很多事情，并且他们能够用相对明智和不错的方法处理大部分事情。很多父母因此会产生巨大的成就感，并且有更多的私人时间处理自己的事情。

然后，一个障碍物突然出现在路中间。

孩子的青春期需要你付出更多的时间和精力，需要你更多地站在孩子身边，共同面对具有挑战性的各种问题。这时候，很多父母首先收到的信号就是，孩子想要走向外面的世界。

这时，家里会产生一些变化，青春期的孩子会突然提出各种质疑。他们会质疑你们的所作所为，并且经常会发生误会和争吵。每一天的生活都显得疲惫不堪：早上叫孩子起床，晚上确保他们完成作业，日子一天天就这样过去。

通过日常生活的考验，父母之间维持着团队状态。我见过很多父母都觉得自己所扮演的角色非常孤独，即使他们身边有另一半。通常，他们相互之间已经很少说起自己想成为什么样的父母，或者他们希望为孩子做些什么。可能他们之间对于教育有着不一样的看法，可能他们之间出现了对方不希望出现的东西。

我一次又一次地发现这一点：两个人仅仅相爱是不够的，他们还需要学会包容和接纳对方的一切。

因此，你在孩子处于青春期时会面临两个挑战：在这段困难时期，你需要包容和爱着你的孩子；同时，你也要包容和爱着你的伴侣，并一起面对来自孩子的挑战。

有一次，我看见德国一家博物馆的牌子上写着："如果没有留下的理由，就没有来到的理由。"这应该是对青春期孩子父母任务的一个不错的总结：父母就是要为孩子创造一个好的成长环境。你们需要确保冰箱里有牛奶，家里有晚餐，你们可以在一起开心地吃饭，听着悠扬的音乐，让孩子觉得在家里很舒服。

你可以从过程中感受到你们之间的爱。

你的任务就是让孩子有一个留在家里的理由。

过多的家庭矛盾

青少年不喜欢别人因为自己而吵架。如果父母经常相互抱怨，不能在教育上达成一致，就会对孩子造成不好的影响。当孩子处于青春期时，父母之间的矛盾愈演愈烈，孩子会因此产生糟糕的情绪。每一次，你当着孩子的面贬低另一半时，这就像你站在浮冰上，却不断把冰凿下来，使自己能站的地方越来越小。

最大的问题在于，这块象征青少年的浮冰迟早会在你的抱怨中一点一点消失不见。

"向我展示生活"

如果你和你的伴侣到现在一直维系着不错的关系，这会帮助孩子健康地成长。你们努力维系着你们一起创造的家庭，你们拥有一个美好的家，孩子幸福地学习爱。这让孩子感觉很安全。

父母的主要任务之一就是让孩子明白：成年人的生活是幸福快乐的。生活里也许会有伤心、愤怒和挫折，但总有美好的事物在等待着他们。生活中有原谅，有合作，有接受，有拒绝，可以拥有美好，也可以享受平凡。你们要向孩子展示：大人的世界总有一些值得他们为之努力的东西。

我见过很多人在孩子处于青春期时因为伴侣而焦头烂额。这也许是因为组建家庭后生活失去了新鲜感。人们总是擅长发现新鲜的东西，而不是记住自己所拥有的美好。

但是，如果你们能够走到现在，并且你认为正好和一个不错的对象生活在一起，那么你完全有理由跟对方说："我很高兴你一直在这里。"

♥

父母的任务就是为青少年创造一个不错的成长环境。这也可以帮助父母维持团队的状态。

你们有足够的理由好好地谈一谈，建立一个属于你们的小空间。

你们有充分的理由做一些小任务，例如寻找对方的优点。一起维系好那份成熟而平静的爱情。

在很多青少年眼里，我们是古老而无聊的恐龙。他们是正确的，我们来自另一个时代。从很多方面来说，我们已经登上陆地，已经发现了事物的多面性，可能已经学会了一件或者几件关于生活和爱的事情。

看着两只恐龙开心地在一起，也是不错的画面呢！

这些年，我们既要关心夫妻感情的动荡，也要关心青少年内心的动荡。

我们怎么样才能继续在一起？

当人们了解到我从事的工作时，他们会经常和我聊起关于爱情和关系的话题。如何让爱情长久？为什么那么多人都做不到？

我们知道夫妻生活在一起的好处，他们可以一起分享彼此的生活。在一段关系刚开始的时候，人们总是会自然地分享自

> 带着尊重和爱去对待你的伴侣，这也是在向青少年展示大人的生活总有美好的事物值得期待。

己生活的一部分给对方。但随着时间的流逝,人们开始相互淡忘。那些平时不容易被发现的事物,很容易就被遗忘了。

在夫妻关系中,最重要的是你需要向对方表明,他对你来说很特别。即使是最匹配的对象,冷漠也会冰冻你们之间的关系。因此,当夫妻来找我咨询时,我会根据下面这份表格来帮助他们:

> 1. 为彼此腾出时间,跟对方喝杯咖啡或者来一杯小酒。
>
> 2. 和对方分享自己的生活,不要老是讨论家庭和孩子。例如工作上发生了什么事情,和朋友发生了什么趣事。你需要向你的另一半展示你对对方生活上的好奇,并且认真听对方说他的事情。
>
> 3. 当你的孩子更喜欢另一半的时候,你应该支持对方而不是嫉妒对方。你们并不是竞争孩子的对手,而是一个团队。
>
> 4. 给予对方自由,让对方自由地做自己想做的事情,虽然你可能并不愿意与之一起。这可以是一个兴趣、一场旅行、一门课程,以及一个发现对方的亮点并一起走下去的机会。
>
> 5. 亲近和性行为可以成为感情的黏合剂。通过这些举动告诉对方,他是你特别的存在。你可能会因为别的事情,一个晚上又一个晚上地忽视这些举动。但是这没有关系,只要你们能够保持生活上有足够的亲密接触即可。

离异家庭

很多青少年都已习惯来往于两个家庭之间。他们中的一些人从记事时起就已经开始这样的生活方式。但是，过去的生活方式可能会让他们现在的生活变得不易。同时，他们不再想听从父母的管教，不愿在两个家庭之间不断奔走。很多青少年不想在不必要的情况下去见父亲或母亲。他们更喜欢平静，希望关注朋友和自身。离异的父母会面临一个挑战，那就是如何让孩子有归属感，让他们觉得自己仍然是家庭中的一部分，即使这个家庭已被一分为二。

约翰纳斯是一个非常安静而细心的男孩，我第一次看见他时，他已经上了几个月的中学。他一半的时间和母亲住，一半的时间和父亲住，这已经成了他日常生活的一部分。突然有一天，事情发生了改变。他突然开始不愿和父亲同住。在上中学后的几个月，约翰纳斯变得沉默。他上学的次数越来越少，和朋友交流的次数也越来越少。

他跟我讲述了自己的故事。他开始时觉得自己被抛弃了，然后又觉得自己不够好、很不幸。这些想法对于一个13岁的孩子来说太沉重了，他无法一个人承担所有。

当约翰纳斯出现问题的时候，他父母之间的争吵越发激烈。父母相互用恶毒的话诅咒彼此。这一次，他们的争吵主要集中在儿子的问题上。之前他们尽量保护他，而这一次他们仿佛看不到儿子受伤的神情。

这种情况比较好的解决方案就是父母双方各退一步，为了孩子做出适当的调整。他们需要注意到眼前这个青少年的需求。我们和约翰纳斯商量，他可以减少去父亲家的次数，同时他的父亲需要花更多精力去寻找父子俩住一起时能一起做的事。母亲则要更加关注孩子的日常生活，当孩子和她一起住时，她需要减少参加和举行派对的次数。同时，她需要对自己提出更高的要求，尽量少在孩子面前贬低他的父亲。

渐渐地，约翰纳斯又恢复了以前的生活。他开始正常上学，参加各种活动和兴趣班。我一直觉得他始终没明白事情的缘由，这对他而言是一件好事。这并不是他的过失或责任。父母需要创造更适合孩子的生活环境，而不是简单地平衡自己的生活。然后，孩子才能按部就班地找到自己的路。

离婚是无止境的伤害

你不可能指望一个 13 岁的孩子，能够对成年人感情上的冲突或者背叛提出什么好的办法。当你的生活出现新鲜的事物时，你特别容易忽略分手对孩子无止境的伤害。离婚将成为孩子身上的一个印记。

这部分最重要也是最艰难的地方在于，你需要始终记得孩子是你和前任的一部分。他从你们身上看到了自己，并继承了你们的优缺点。

在这些年里，孩子不断地发现自己新的一面和新的特征。当你批评往日的伴侣时，实际上你也在批评自己的孩子，使他们无法更好地了解自己。即使你认为那只是不痛不痒的评论，实际情况却会比你想象的更严重。

因此，我觉得父母之间应该多关注前任好的地方，用赞美代替抱怨，通过这些告诉孩子，你们曾经真正相爱过。

有时你可能会觉得这很不公平，但是你的牺牲会让你和孩子都为此受益终身。

继父母和养父母

抚养别人的孩子会比抚养自己的孩子更加困难。不幸的是，继父母或养父母需要面对这种巨大的挑战。

当孩子正处于青春期时，他们很难察觉到一个人的本质。你如果不能把他们当成自己的孩子，在他们说话时不能马上理解他们的意图，在他走出第一步时不能察觉他们想去的方向，那么当你面对那个青少年时，就会处于相当困难的境地。

因此我建议，不论你和孩子相处了多久，你们的关系有多好，在孩子进入青春期后，你需要格外注意自己的言行。

在这期间，你会经受考验。我很能理解当你的爱人带着一个易怒、自私、充满怨气的青少年把家里搞得一团糟时，你会有多苦恼。但是，这就是你与爱人相处的一部分。别担心，几年之后这些都会成为过去。

在那之前，我有几个小点子可以帮到你。一个是找到孩子的优点，记住过去发生的或大或小的事情。人们很容易忽略手机里的旧照片。对青少年来说，那些来自过去的温暖回忆以及你们在一起的时光是那么美好。

另一个好点子是你可以适当地退一步，让另一方获得更多的主动权，虽然这是个比小学时期带孩子更加复杂艰难的任务。

对于你这个"新的父亲或母亲"来说，你能做的就是找到一个属于你和孩子的空间，做一些你们两个都喜欢做的事情。例如看剧、一起做活动之类的，可以增进你们对彼此的了解。这样做的好处就是可以让青少年觉得你容易交流，你的建议也可以接受。

找到一个和孩子交流的空间很容易，但是你需要发自内心地喜欢处于青春期的孩子，并用心对待他们，和他们一起寻找美好的事物。你可能会听到他们对你喊："你不是我的母亲！"但是你仍然要尝试和对方交流，看看那个绝望的孩子是不是在难过。不要因此失去耐心，和孩子一般见识。你仍然可以抱着希望靠近你的孩子，或许还可以这样对孩子说："是的，我不是你的妈妈，但是我很爱你。"

在这里，我需要给你一个小警告：我发现，很多继父母会下意识地觉得孩子的消极是源于亲生父母。但是，事实并不可以用非黑即白的方法简单概括。你面对的是想要找寻自我的青少年，他们不想再回到过去的世界。作为继养父母这一方，你需要注意，他们的亲生父母早就不在他们身边了。

离婚带给孩子的伤害

很多人会强忍着不中断婚姻，直到孩子长大成人。也有人会在孩子青春期的时候分手。孰好孰坏，我很难进行判断。但是我很确定的是：从你的角度，你并不希望孩子了解父母之间到底发生了什么事情。虽然你认为他们已经长大了，但是他们仍然无法用成年人的方式去理解感情中的困难以及爱的不同面目。你可以听听青少年对于你们分手的看法，让他们参与讨论，说出他们的感受。但是，不要把他们当作情感治疗师或者交流感情的知己。你需要朋友、同事或者一个真正的情感治疗师来帮助你，而不是让一个孩子去承担这部分工作。

当青少年得知父母要分开的时候，他们可能会有各种各样的反应。有的会表现得很冷漠，有的则会生气和沮丧。但是，不论孩子表现如何，这件事情都会使他们内心产生剧烈的波动。他们的沉默并不比他们对你进行责骂来得轻松。大多数人通常会选择一个合适的时间点说出来，最好是有别的事情发生的时候，这会让人觉得不那么沉重和糟糕。刚离婚的时候，你有必要和孩子谈谈这件事情。你需要在孩子的身边，每天找到一个突破口，让孩子慢慢接受这个事实。每一次的交谈，都可以帮助孩子思考、理解并组合这个关于爱的故事，以及父母未来的规划。

也许你想说，对方是个卑鄙的人，只会在背后诋毁你？也许你怒火中烧地想和周围的人说对方是个多么可恶的人，告诉

> 当大人吵架的时候，青少年寻找自我的空间就变小了。

全世界你终于自由了。然而,这并不是个好主意。不论发生了什么,你都要让孩子自己去确定他们对父亲/母亲的认知。如果只听你的一面之词,他们会开始质疑你言语的真实性:"到底妈妈说的关于爸爸的那些话是真的,还是她只是在气头上呢?"

你需要尝试以友好而有逻辑性的方式讨论对方,给孩子一个空间编写自己的故事。

> ### 关于离婚的记忆清单
>
> 1. 青少年需要时间对事情做出反应。在你们离婚后,你需要给孩子足够的时间去消化这件事情,你的孩子才会对你说出心里话。
>
> 2. 你们离婚后,青少年需要自己决定生活要如何继续下去,但是他们并不能独自做决定,也无法承担决定的后果。你需要和孩子交流,告诉他们父母之间的决定。记住,你们是成年人,你们可以看清楚全局并且做出最好的决定。
>
> 3. 对于中学生来说,搬来搬去的成本非常大。你们需要及时做出调整,让孩子的生活变得顺畅。
>
> 4. 要确保你们之间保持沟通,避免遗漏重要的信息,随时掌握孩子的情况。你们需要在未来好几年里一直保持足够的交流。
>
> 5. 当生活稳定下来时,生活的节奏再一次变得有规律。但请记住,这件事并没有结束,孩子需要大人记住那些发生在他们生活里的重要事情。

凌乱的房间

青少年的房间有时候就像是个待探索的空间,你会发现它乱得不成样子。但是我对父母的建议是,不要太在意。

很多青少年的生活习惯很差,他们分不清干净和脏乱,看不到身边出现了什么问题。他们这么做并不是为了激怒你或者淘气,而只是单纯地因为他们在这个阶段无法顾及太多东西。成长使他们筋疲力尽,因此不得不忽视一部分事物。

如果你把问题放大,事情就会更糟糕。你可能会愤怒地说:"他现在一定要学会打扫,不然他长大成人就更加做不到了。"

你的孩子知道怎么打扫房间,他之后也能够做到,只是现在这个时间点,他没有办法顾及这么多事情。"如果你愿意,我可以帮助你。"你可以这么跟孩子说。如果回应是否定的,那么你可以整理自己的心情,然后自我安慰:一切都会变好的。

脏乱的房间也在提醒你,孩子正处在困难的阶段。

你需要明白,如果你一定要你的孩子热衷于整理家务,那么他就会花更多的时间在这方面,然后身心疲惫。他们本身没有足够的精力做到事无巨细。

带着小谎言的美好生活

可能这是个有点悲伤的话题,但也是事实:青少年会撒谎。这是为了挽救自己的面子,隐藏自己的错误,以避免麻烦。很多时候,孩子这么做只是为了让自己感觉好一点,因为他们担心大人的反应会很糟糕。通常,这些事情无关痛痒。但是,孩子可能在重要的事情上撒谎,这时你们就需要认真谈谈了。

了解事情的真相并不是一个简单的任务。但是,你不要对孩子的小谎言或不重要的谎言大发雷霆。青少年是糟糕的撒谎者,他们很容易被拆穿。

不要过分针对他们。维护自己的面子对青少年来说很重要,如果你一直在这方面苛责他们,那么当他们真的需要帮助的时候,他们就不愿意和你商量了。

让孩子摆脱爱撒谎的习惯,并不是什么太难的事情。你只需要关注孩子,重要的事情发生时,你就会知道情况。当你觉得孩子可能要对你说些重要的事情时,你一定要抓住这个机会。然后,你可以向孩子摊牌:"我知道事情并不是那样的。但是我需要你告诉我到底发生了什么。"

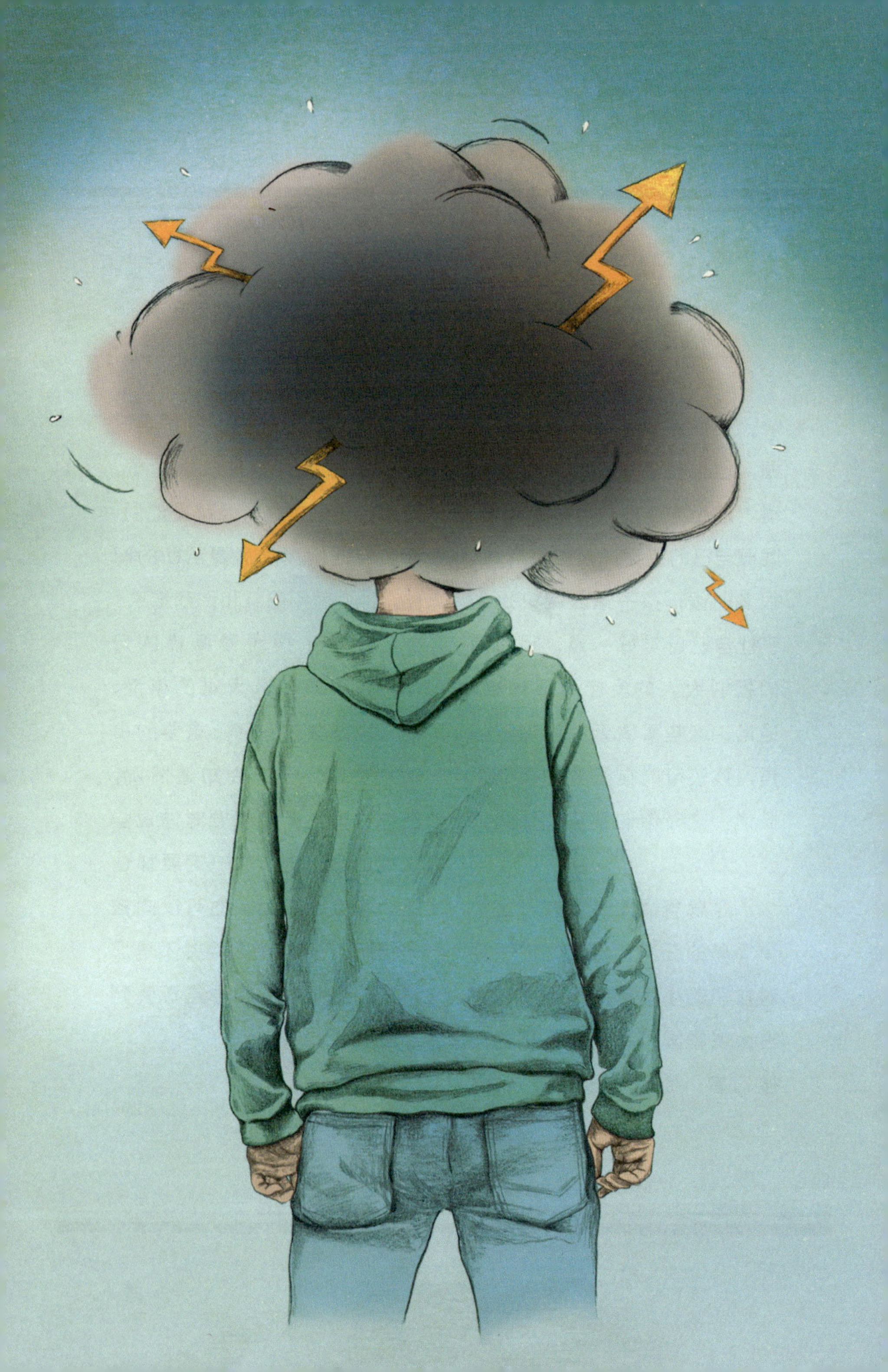

第六步
管好你的情绪

糟糕的情绪就像一场大火，青春期的火焰往往会更强烈。

你可能会从孩子的嘴里听到咒骂，也可能是对你的怒吼，或是愤怒的沉默。孩子关上对你的心门，愤怒的情绪就像火焰一样在心中蔓延。

有一段时间，情绪系统好像失去了平衡：兄弟姐妹在一起玩耍时，处于青春期的孩子很容易在游戏中情绪失控。他们的情绪变化突如其来，没有一点预兆。你变得非常担心，也非常生气。那些新萌生的糟糕情绪控制着孩子的行为，而你在面对他们时，也会下意识地带着糟糕的情绪。

某种程度上，你要捍卫你的底线。你要告诉孩子什么事情可以做，什么事情不可以做。但最重要的是，不要让你和孩子的矛盾升级。

我能帮助你了解孩子身上的新能量来自哪里。我通常会想起孩子们三岁，刚刚学会说"不"的时候。孩子会觉得这个词

♥

青少年需要你理解他们在这个时期有多疲惫。

带有超能力，他们大声地说着"不"，频率之高让父母觉得不可思议。这就是孩子表达自己意愿的方式，这也是他们学会设置自己底线的方式。这与青少年现在必须控制在体内乱窜的激素，以及为成年做准备的大脑时所发生的状况十分相似。这种情况对孩子来说很困难，导致的结果也总是不尽如人意。

但是你需要知道，面对这种情况，孩子往往比你更困惑。

富有攻击性的两条路

挫败感永远在人们的心中拥有一席之地，这就像是一种自然法则。当缺乏安全感，悲伤和恐惧等强烈而消极的情绪主导我们的大脑时，我们需要找到一个地方去释放它们。处于青春期的孩子，他们的内心也充满着这些消极的情绪。如果他们没有办法把这些情绪释放出去，那么挫败感就会深入他们的内心。

我认为，所有的青少年在某个时间段都有自我毁灭的想法，这主要是因为他们在青春期缺乏安全感。

当然，也会有青少年能够和谐、幸福地和周围的人、事、物相处，但毕竟凤毛麟角。此外，我也不认为这值得期待。因为,一个"没有问题"的青少年,很可能是他想要让自己适应环境而压抑了自我。

在我的工作中,最令人伤感的故事往往来自青少年。我见过很多孩子把攻击性深藏心底,消极的情绪充满内心,这让他们觉得自己很糟糕。在孩子的内心深处,他们经常会对自己重复,"我一无是处""我永远都不会幸福""如果我不存在就好了"。这样的想法会对孩子产生糟糕的影响:有的会觉得疲惫,有的会觉得胃在灼烧,有的则会对自己的身体不满意,有的孩子甚至会自残。

抚慰孩子的内在情绪并不比解除他们的外部困扰轻松。经常有人说起青少年做的那些荒唐事,他们破坏东西、扰乱秩序,但是我知道很多父母宁愿孩子去参加聚会,哪怕他们很晚才回家,都好过孩子坐在房间里玩游戏。

面对那个朝你说脏话的,要比应付那个对你说"我失去希望了"的孩子容易得多。

当孩子开始攻击自己的内心时,我该怎么办?

看着你心爱的孩子伤害他自己或者贬低他自己,是非常糟糕的经历。你会觉得既痛苦又生气,你希望用尽全身的力气把孩子从糟糕的想法中拉出来。

当孩子对自身进行攻击时,你能思考的就是:"我应该怎么做，才能让孩子度过这个艰难而糟糕的时期？"

作为父亲或者母亲，你需要抛弃之前对孩子的各种教育理念。例如，孩子的外表应该看起来如何，他们应该穿什么衣服，以及在外面要如何表现。这些都要从你的清单里删除。你需要忍受孩子的脏乱和喃喃自语，冷静地看待所发生的一切，从大局出发，忽略不必要的细节。你最重要的任务，就是让你们的生活更加舒服。

这么做到底意味着什么呢？帮助孩子进入他们的最佳状态。带他们参加他们喜欢的活动，引导他们发现可能会感兴趣的事情，比如看电影、去寿司店、听音乐会等等。这些可能并不会百分之百有效，但是当它起作用的时候，孩子一定会有所收获。

如果问题来自学校，请你确保成为孩子与学校沟通的纽带，而不是始终控制孩子的一切。你可以和老师谈谈，寻求帮助。挣扎中的青少年往往被视为问题少年，而你始终是那个最了解孩子的人。

> 为了帮助青少年掌控自己的情绪，你需要做到这两点：首先，你需要与孩子共情，并表示理解他们的感受。然后，帮助孩子寻找释放情绪的方法，走出情绪的旋涡。

当他独自在显示屏前彻夜不眠，当她在镜子里看到自己体态的不完美时，我们很难帮助他们找到相应的解决办法，很难闯入孩子的自毁情绪中，但是一定要坚持尝试。你如果察觉到孩子的痛苦，那么一定不要强迫他们走出来。你不能拔掉电脑的插头，或者强迫她多吃一点。但是，你可以靠近他们，对他们微笑，给他们喘息的空间，等待适合的时机去关心他们，小心地帮助他们走出坏情绪。

不论发生什么，你看着孩子的目光始终带着爱意，就已经为孩子做了很多。

当孩子的攻击性转向对外，我应该怎么办？

如果你的孩子破坏东西、打架、离家出走、经常说一些可怕的话，你要意识到这也是孩子的一种沟通方式。他在告诉你："我现在感觉很糟糕。我需要有一个人能包容我、关注我。"

这是你帮助孩子的起点。你可以尝试慢慢靠近他们，在孩子情绪平静一些之后询问事情的经过。"我理解你很生气，但是你为什么这么生气呢？"

你需要尽可能地和孩子进行交流，这是目前最优的解决方法。

你如果和孩子争论，就没有办法帮助他们走出困境。青少年不擅长按暂停键，一旦开始和你吵架，他们就会释放出无尽的能量。你不一定能吵得过他们，反而可能造成很难看的局面。

不论最终结果如何，你都会觉得很无力。

但是，你需要知道他们该去向何方。你是领导者，要向孩子展示未来的可能性。一个好的领导者绝不是锱铢必较的人，你可以说"让我们看看能找到什么好的办法"，虽然这并不容易。

当孩子的情绪大火不断蔓延时，你首先需要灭火，然后才能用同理心帮助他们。

最常见的循环

我们一直在为孩子担心。当孩子成长为青少年时，我们会更加担心他们。但生活中的事情往往纷杂而又难以察觉：孩子会因为你让他们去睡觉而生气，因为你提醒他们做功课而不开心，因为你要他们做点事儿而觉得烦心。他们的愤怒会让父母更加担心。于是，我们会设置更加严格的要求，减少他们的自由空间。孩子又因此对父母更加不满，然后他们可能会对父母说一些不合时宜的话。"我们不允许他这么做！"我们这样决定，然后开始没收孩子的东西，让他们觉得受到了惩罚。我们希望孩子知道，他们的所作所为让我们很生气。

这一系列事情就像一个无限的循环，我在工作中常常碰到这样的情况。很多家庭会有这样或那样的故事版本，但是这种做法从来没有帮助他们解决问题。

当你已经没有什么可以威胁孩子时，你还剩下什么？当孩

> 当糟糕的情况升级时，父母应该意识到自己也是问题的一部分。青少年无法独自阻止事情的发展。

子对你恶语相向时，你还能说什么？当伤害已经发生，你最想保护的那个孩子却是受打击最重的人。

因此，你有责任去停止这个循环，不要让事情变得更糟糕。你有两个办法，其中之一是你需要放慢脚步。你需要知道，你的过分担心会导致矛盾激化。"我们晚点再聊""我需要去洗漱"，你随便对孩子说点儿话，然后给自己一点时间冷静。这样一来，双方都有时间去思考，通常来说情况会变得好一些。当你心烦意乱时，你会觉得对孩子制定严苛的要求、没收他们的东西是一个不错的决定。但是，当你冷静下来时，你很少会觉得那样的决定是正确的。

另一个方法就是，不要因为吵架的事情而太过沮丧。

你是成年人，你在分析总结方面会比青少年做得更好。如果他们在情绪激动的时候对你说了一些不该说的话，那是他们的错，你不需要认真地对待这件事。孩子对你说的那些话并不代表你是一个糟糕的人，你清楚你自己有多棒。

做好准备，当这个循环再次靠近你的时候，你要明白问题的根源并且再次了解它的本末终始。然后，你要从局外人的视角出发，思考你能做出的改变。

在事情平静之后，你要确保你们之间的纽带依然存在。事实上，你们之间的联系是唯一重要的存在。

只要你们依然相互联系，你们就可以修复之间的关系。

不要对别人进行严厉批判

人们在青少年时期惹的麻烦往往难以估计。早期的时候，人们就会发现有的孩子无法适应环境，有的孩子无法找到自己的位置，有的孩子觉得在家里很难受，而另一些孩子则会陷入更糟糕的困境。

父母往往对其他父母进行过严厉的批评："他们家发生了什么事情，导致孩子变成那个鬼样子？"我们以为，我们永远不会经历那样的事情。但是，只有当你进入那个阶段，你才会明白其中缘由。

♥

当青少年说了一些伤人的话时，他们很少认真思考这些话对别人的伤害有多大。因此，他们总是不断地刺痛他人。我们没有必要太认真对待这些话。

对很多父母来说，孩子的青春期很难熬。如果你有好几个孩子，那么这段时间你肯定会比其他父母辛苦很多倍。

从门缝里去看别人家的父母，确实是让自己感到满足的方法之一。但是从长远来看，这会让我们显得不那么善良、温情。青春期艰难、脆弱而又充满人生各种戏剧性的巧合，我们要给予那些孩子正在经历青春期的父母以理解和关怀。

对你听到的话表示感谢

父母很想教孩子学一些东西。你希望他们看到你所看到的世界，你可能认为他们做了一些傻事或者想错了。但是，你的不满永远教不会孩子任何东西，反而会吓到孩子。

想象一下，当你在生活中遇到困难的时候，你希望别人如何和你交流？

这里有一条重要的建议：当你听到孩子说的事情时，不论他们说了什么，你都要表示出你很开心他们可以和你交流这些事情。当孩子和你聊天的时候，你不要抓住机会就开始说教，或者告诉他们你认为什么是重要的事情，你只需安静地倾听，并且认真思考你该如何回答。

理解是唯一可以让你和孩子的关系长远的办法。

修复的艺术

可能有一天你会觉得世界被撕裂了。例如，孩子回家太晚，行为太粗鲁，没有准备好学校的考试，或是忘了祖母的生日等。这些事情会让你的情绪突然爆发，随后你们会发生激烈的争吵。等你们恢复平静，你们可能都会因为争吵而难过。

修复关系很困难，人们很难迈出让事情向好的方向发展的第一步。但是，家是一个可以让人学习和了解人际关系，特别是亲密关系的地方。如果你想让孩子学会说对不起，那么你就要给他们做出示范。你需要敲他们的门，然后告诉他们，你对你们之间的争吵表示很遗憾，这不应该发生。你说你把双方都逼得太紧了，这实际上并没有任何意义，你对孩子说"对不起"。孩子就会明白，退一步海阔天空。

同时，你还能教会他们正确的说话方式，这两件事相辅相成：当你对他们表明，你很在意他们，他们值得一个道歉时，你就开始了修复关系的工作，这让你们之间的纽带更紧密。你重新在孩子的心里建立了安全感。

用真诚的方式说"对不起"，这是世界上最美也最治愈的话。

史上最惊人的力量

青少年和书看起来不像是一对好搭档,但是很多青少年都喜欢阅读,有的甚至在阅读的世界里拯救自我。书里的故事让人更了解自己,也让他们从现实世界里暂时逃离出来,躲到故事的世界里得以喘息。

所以,不要让孩子放弃阅读。你可以为孩子选择一些合适的书,可以陪他们去一些书屋或者图书馆,向孩子展示书的神奇力量。书里有很多的故事等待着孩子,其中就有逃避之后勇敢面对广阔世界的故事。

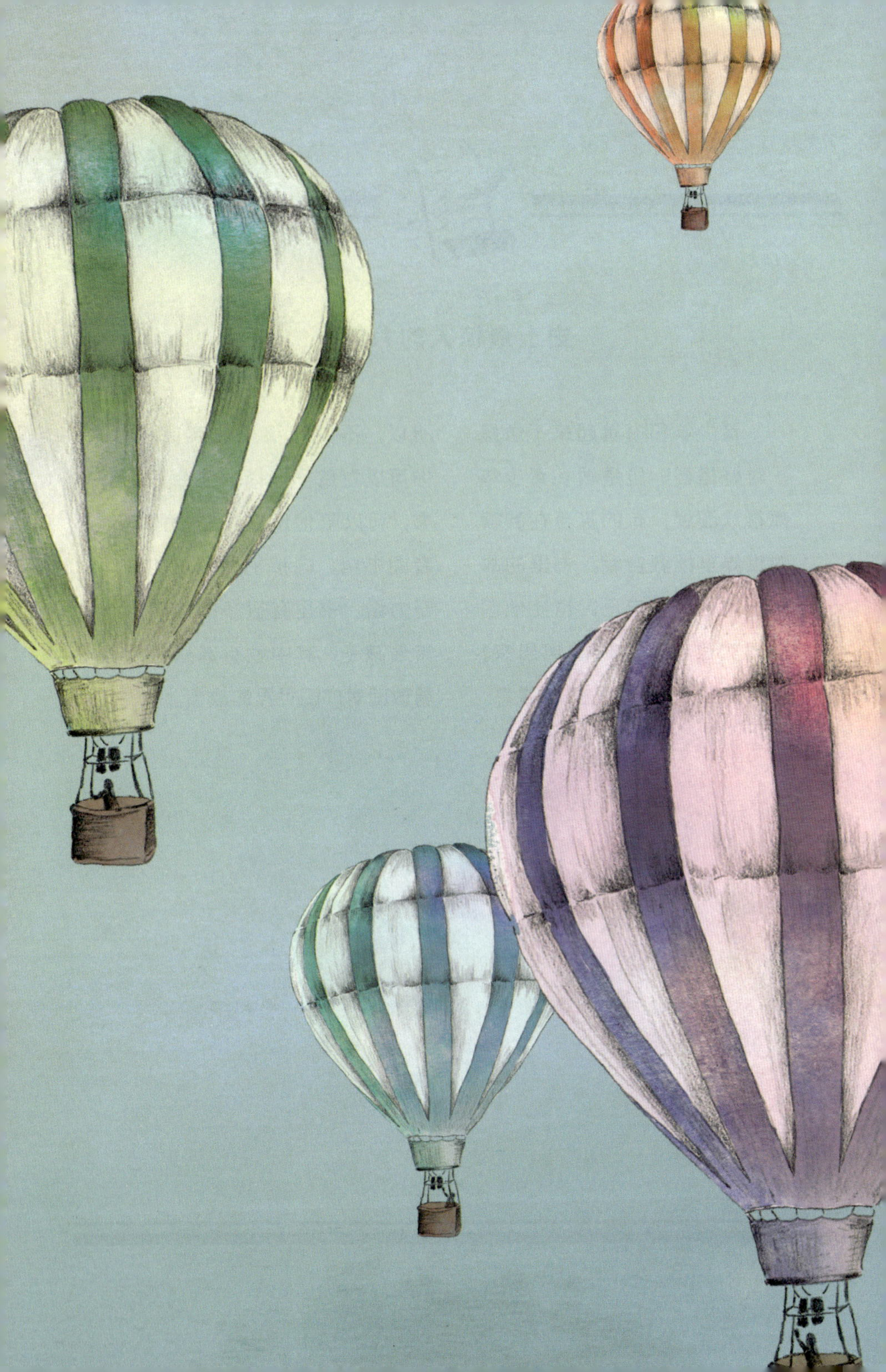

第七步
该放手时就放手

孩子整个青春期最大的主题就是自由。大人的生活对孩子来说近在咫尺，但他们仍然只是初学者。你需要帮助他们学会掌控即将到来的生活。你对这个任务的处理方式，对孩子的未来十分重要。

如果你把孩子抓得太紧，孩子就会失去找寻自我的空间。有些孩子会没有机会自主探索世界，没有办法学会选择适合自己的环境，不知道应该如何获得信任。当他们遭遇逆境时，要么变得容易气馁、悲伤，要么变得张牙舞爪、虚张声势。

因此，有时候你需要对青少年放手。

但是，正确的放手方式是一门艺术。你如果放手得过早或者太突然，也会导致孩子遭受打击的概率增大。如果你不能有计划地进行引导，那么孩子就会感到世界如此残酷，就会觉得没有安全感。

换句话说，青少年需要你放手，给予他们自由的空间，但是又需要你在适当的时候收紧。你的工作就是在收与放之间找到平衡。

如果要我给这个过程一个建议,那就是:你只要不放手到让孩子必须学会自生自灭,那么事情顺利的可能性就会高很多。

控制你的恐惧

这可能是父母与孩子常见的手机通话:"你还好吗?""你现在在哪儿?""你可以回答我吗?""我马上到。"

青春期的孩子是父母关心的焦点。他们可能做出非常疯狂的事情,父母也会幻想孩子可能遭遇的各种糟糕情况。比如,他们走出家门后可能遇到车祸、毒品和性侵害。

你如果真的为孩子着想,就应该掌控好严厉与关爱之间的平衡。你首先需要控制你的恐惧。

当然,你有担心孩子的理由。危险无处不在,孩子为了吸引人注意,很有可能做一些让自己后悔的事情。这很容易让他们陷入困境,但大部分情况下,事情也可能会很顺利。

正确的放手方式,就是不要把一切都交由孩子自行处理,你总要为孩子留一条后路。

作为父母，你的恐惧来自你的臆想。如果你很害怕，焦虑和不安就会占据上风，就会破坏你和孩子之间建立的信任。青少年需要你冷静而有安全感，你要相信他们可以自己解决问题。当他们无法解决时，你可以伸出双手，向他们提供帮助。当危机来临时，你可以给他们一个避风港，告诉他们："好吧，这已经发生了，但是放轻松。我们会一起找到解决方法。"这是你能做的最重要的事情。

隐私和监控

可能在几年前，你曾站在孩子的房间里暗暗发誓，你会保护这个孩子免受一切伤害。保护孩子是我们的天性。问题是，过多的保护并不能帮助孩子构建幸福人生。

有的父母对孩子会表现得像爱吃醋的恋人。他们喜欢对孩子进行监控，不断打孩子的电话，只为了知道孩子在哪里、在做什么。他们要知道孩子和谁见面，又一起做了什么事情。当儿子带同学到家里来玩时，父母会拼命地狂想："到底他们在房间里干什么？"结果就是，喜欢控制且爱吃醋的父母毁掉了他和孩子的良好关系。

孩子怎么会信任一个猜忌他们的人呢？

我们生活在一个信息化的时代，因此，我们可以轻易地追踪孩子的生活。你只需要几个小步骤：登录账户，找到通话记录和银行账单,你就可以完全监控孩子的生活。

但我不认为这是个好方法。

监控并不能帮助孩子独立。相反,你的这些行为可能导致孩子对你失去信任,减少亲密度。

一些父母认为,通过监视可以帮助他们掌控孩子。这实际上只是在欺骗自己。孩子总有一天会进入一个父母无法掌控的环境,他们必须学会自己解决问题。而长期受到父母监控的孩子,只会依赖别人帮助他们解决问题。

你的引导

青少年拥有自己的秘密。他们需要一个属于自己的、不被父母打扰的空间,这样他们才能寻找自我。他们需要私密的生活,这是通往探寻自我之路的钥匙,他们在那里研究自己想成为什么样的人。

你对孩子的臆测会让孩子在思考自己的未来时产生困扰。因此,你没有必要对孩子说"你和你爸太像了,好吓人",或是

> 焦躁和不安无法帮助你成为优秀的父母。
> 你需要始终把对孩子的爱和亲密放在第一位。

"我很高兴你不像电视里的那个不良少年",或是"你不是同性恋,我觉得你的生活会因此而变得轻松"。

当我们和孩子讨论他们想要成为什么样的人时,我们应该小心说话。因为,我们并不知道之后会发生什么事情。

我把这个过程视为青少年时期的小插曲。孩子对未来的期待就像一盆盆小植物,脆弱得需要受到保护;使它们免受天气和风的影响,它们才能变得强壮,才能生存下去。孩子关于成长的想法很神圣,父母不要随意冒犯。

那些幸运的孩子,他们的父母往往会为他们提供足够的时间和空间,使他们可以自由地选择让哪一盆植物变得强壮。

一位母亲遗憾地对女儿说:"为什么你不告诉我你的想法呢?其实我们完全可以一起讨论这件事情。"我微笑地看着他们。母亲是对的,虽然他们是无神论家庭,但是即使女儿求神拜佛,或者加入教会,对他们来说也不是什么大问题。但是这并不是重点,孩子首先需要知道父母可以接受这件事情。她得反复确认这件事情不会在家里产生矛盾之后,才敢对父母说:"我知道你们没有宗教信仰,但是我相信上帝。"

当父母和孩子的纽带足够牢固时,他们会发现,孩子可以安心地对他们说出自己的想法。

灾难性的秘密

当然,孩子也会有一些"坏的秘密"。这会影响他们的身心健康，他们无法独自承受这些秘密的负担。其中，一些秘密还会带来灾难性的影响。因此，你需要帮助孩子区分秘密的好坏。例如，当他们从经常与朋友聚会变成吸毒，那么你就不能再自欺欺人，继续让孩子拥有这一方面的私人空间。当他们找一个比自己大很多的人交往时，你也不能放任他们保守这个秘密。

当青少年处于这些危险中时，我发现，父母往往就不再相信他们之间的纽带关系。他们会选择快速介入，掌控整件事，而不是调整心态，寻找一个可以和孩子交流对话的平台。

面对复杂棘手的情况时，你需要思考："我应该怎么做才不会让孩子受伤？"这种情况下，你会发现纽带关系的价值。

我遇到过一个14岁的孩子，她在马厩兼职时与一个比她年长10岁的男人交往了。她的妈妈对那个男人充满了怀疑，经常在换洗衣服里翻找孩子的贴身衣物，试图从中寻找蛛丝马迹。如果女儿回家晚了，她的妈妈就会对女儿进行审讯式的询问。14岁的女儿根本不敢和母亲说起关于恋爱的事情。在面对和那个成年男子的关系时，她始终是一个人，没有哪个大人可以坐下来跟她好好探讨这件事情。结果当然不会好。

♥

如果你总是告诫孩子需要注意各种事情，那么当他们做错时，他们就不敢寻求你的帮助。

当父母对孩子产生怀疑时，他们会马上闯入孩子的房间或者检查孩子的内裤，从中寻找他们希望找到的蛛丝马迹，证明他们的猜想。但实际上，这并不能帮助孩子解决问题。

相反，你需要尝试询问孩子："你觉得你现在过得好吗？"当你发现孩子处于不好的情况，你想要给予孩子帮助时，你可以告诉她："我觉得你好像发生了一些难以启齿的事情，或许我们可以讨论一下。"记住，只有你们的纽带关系牢固时，你们才能深入地进行交流。

当事情朝着不好的方向发展时

我很早就从家里搬出来了。现在回想起来，我觉得这个决定做得有点太早了。我当时很傻很天真，也犯了一些错误，还好后来过得不错。但是如果能重来，我会希望自己当时不要犯错吗？不会。我从错误中了解了生活，了解了自己，我从这段经历中受益。

> 青少年需要经历一些困难和不愉快的事情，需要借此慢慢地了解这个世界。没有任何问题的青春期并不是他们所期待的。

这段经历成就了我。

孩子处于青春期时，他们很容易犯错。这听起来很可怕，但这是青少年成长的必经之路。我们希望孩子学会变得细心一些，能看清事情的真实情况，了解做错并不可怕，清楚说"不"的正确时机。成年人的世界里有太多灰色地带、两难的决定和无法估计的后果。孩子需要知道如何在混乱中行动，需要学会面对生活中大大小小的问题。他们的学习方式，就是父母允许他们在青少年时期的生活中自由尝试，积累经验。他们需要在更大的生活圈中历练自己，从而变得成熟。

孩子可以从犯错中受益。他们会明白困难的生活充满意义，只要有人与他们一起并肩走过。

"妈妈，你能过来吗？"

作为父母，你在电话里能听到的最安慰的话大概是："妈妈，这里出事了，你能过来吗？"

可能他喝醉了，可能他遇到了自己无法解决的问题，也可能他害怕了。

孩子遇到事情的时候会打电话给你，意味着他们最信任的人是你。他们认为你会帮助他们妥善地解决问题，他们很相信你。

我们希望孩子需要帮助时能第一时间想到我们。但是，这只有他们确定不会受到严厉责罚或者批评时才会发生。

"你怎么能这样做？我不是和你说过不要喝了吗？"父母这样的反应，绝对不会让孩子觉得对方是一个可以交流的人。他们下一次想要依靠你的时候，必须确信你是一个可以让他们放松且有安全感的人，你会理解他们的所作所为，并且可以帮助他们解决问题。

他们在深夜打电话给你，是希望你能帮助他们、安慰他们，或者把他们扶到车上，送到他们想去的地方。然后，他们就会和你聊起事情的经过，比如他们为什么会那样做。你并不需要一直逼问他们事情的缘由。

因此，不论他们说了什么，你只需要在电话里回应道："我很高兴你打电话给我！"

青少年时期的兴趣活动
——为什么很多人都放弃了？

可能你和很多父母一样，曾陪孩子去参加兴趣活动，在场边为他们欢呼，或者花费好几个小时陪孩子练习乐器。突然间，他们在13~14岁的时候放弃了他们的爱好。为什么？是什么原因让那些孩子突然放弃了那么好的兴趣活动呢？

原因之一是孩子升入初中后，他们觉得自己在这个兴趣上面并没有获得多少成就感，觉得自己在这方面不够优秀。在这个年龄阶段，如果他们继续进行这项活动，意味着他们已经熟练掌握，或者他们特别喜欢，反正不会是因为父母希望他们继续下去。如果他们是因为父母的原因才坚持下去的，那么孩子一定会在未来的几年时间里崩溃掉。父母的期待，远没有孩子想多和朋友在一起，或者做一些自己感兴趣的事情重要。

另一个重要的原因就是孩子长大了。然而，在这个年龄段，他们身体的协调性开始变差，但同时教练和老师对他们的期待反而更高，他们感到累了，更容易受伤，不愿承受兴趣活动带来的压力。青少年也像其他成年人一样，不喜欢失败带来的挫败感。因此，他们更倾向于放弃，而不是继续战斗。

但是，很多孩子放弃得太

早，他们中的很多人在成年后因此后悔。假如那时候他们能够得到帮助和正确的指导，或许可以在活动中发现新的快乐。

许多年前，一个14岁的女孩来到我的办公室，她的父母非常担心她。她曾经热衷于体育和合唱，但突然对这些活动都不感兴趣了。她的父母因此感到很困惑。只要他们和她谈起这件事，她就会很生气。现在，她甚至不想参加传统的家庭项目——滑雪。

女孩告诉我，她从来没有特别擅长的运动，也不喜欢每个周末都看到自己排名倒数第三的榜单。父母认为这些活动很有意义，但是她只想在自己更感兴趣的事情上花时间。关于合唱团，她很喜欢这项活动，选择退出只是为了证明她才是那个有权做出决定的人。然而，这却导致她变得孤单和寂寞，她开始用食物麻痹自己。然后，她和父母一起来到我的办公室。

我们一起聊了她这周过得如何，她的梦想是什么。她的父母不时露出惊讶的表情。女儿有自己的兴趣、梦想和目标，但是他们从未思考过这个。他们的工作应该是支持女儿的想法，而不是强迫女儿做他们想要她做的事情。几周后，她开始爱上绘画和声乐课，父母的情绪随之高涨。虽然父亲一直认为，不喜欢运动的人一定不幸福，但是他不再抱怨。他们已经和女儿谈过了，当女儿觉得自己身心都做好准备之后，她会继续运动。

在一次森林徒步时，我再次遇到了这个家庭。女孩已经21岁，正在念大学，浑身散发着自信。他们是从滑雪的地方过来的。闲聊快结束时，她的父亲笑着对我说："你一定知道事情会是这样的结果。"他说对了。很多为孩子而努力的父母，最终都会在孩子成年之后获得快乐。对我们来说，父母不需要为孩子当下的情况过于担心。只要方法正确，结果就一定会变好。

你可以为孩子坚持活动做些什么呢？

· 社交活动很重要。在训练和锻炼的过程中，为孩子留出足够的社交时间。

· 帮助你的孩子进行有效的练习。如果这是一项需要不断提高技术水平的运动，那么有规律的练习和适当的强度尤为重要。

· 尽可能地向孩子提供帮助，为他们提供所需要的东西，帮助他们组织活动。

· 不要插手，这不是你的活动。你如果比孩子更投入或更满意这项活动，或许是忘了谁才是主角。

· 在你的能力范围内聘请优秀的教练，并经常鼓励孩子。

· 请记住，孩子都会经历一个技能及成绩的滞胀期。振作精神并记住，这时候每一次的练习和每一次的比赛结果都不重要。放轻松，并与孩子相互支持。

· 对孩子新的兴趣和其他选择保持开放的心态。他们的个人喜好会随着年龄增长越来越明显，接近16岁时就会完全显现出来。

II

那些重要的话题

当我们第一次看到那抖动的超声图像，孩子的影像模糊而又真实地出现在眼前。我们开始幻想把他们抱在怀里，轻轻地抚摸着他们的小手，微笑地看着他们明亮的眼睛的样子。

但是，人容易健忘。我们有时会像一个失忆症患者，即使我们曾经非常擅长语法和代数，但现在却没有办法帮助孩子学习这些学科。我们也无法想象，孩子有一天会对着我们怒吼"我恨你"的画面，就像我们小时候做过的那样。

直到你直面这个场景。

大人在面对青少年时，并不会通过回想自己曾经痛苦的青春期，而对孩子的遭遇感同身受。12岁时，孩子可以独自骑自行车去训练，但可能到13岁时，又变得希望父母能陪他们一起去——这是如此突然的转变，孩子从独立退回了想要依赖父母的状态。这是什么原因？青少年还没有按照自己的预期解锁生活的密码，还不知道如何成长为一个更好的青少年。例如，怎么做才能学好一门课，或是如何控制因紧张而怦怦乱跳的心脏。他们在成长的路上，依然没有抵达变成大人的终点。

因此，在开始了解自己之前，他们需要很多的指导。

所以孩子需要你，甚至比之前更加需要你。

作为父母，你要能妥善应对各种问题。青少年的问题会更加复杂、困难，我们都希望能够顺利解决。你的孩子会希望你为他们提供更多的鼓励，渴望你的关心，而你则需要不断地向孩子证明，你始终和他们站在一起，面对各种困难。

你如果希望在这个阶段成为称职的父亲或母亲，就要有足够的能量。为了能够让孩子在需要的时候得到帮助，你可能必须在生活中做出一些改变。

这个部分，我们将探讨一些孩子在青少年时期可能会面临的重要课题。孩子即将成年时，我们生活中的所有元素都将帮助孩子塑造他们的人格。作为家长和心理学家，我将分享关于霸凌、食物、聚会、性和社交媒体的经验。但是，核心部分我已经告诉你了：孩子需要你和他们一起并肩完成成长的过程。

你的爱是孩子前进的动力。

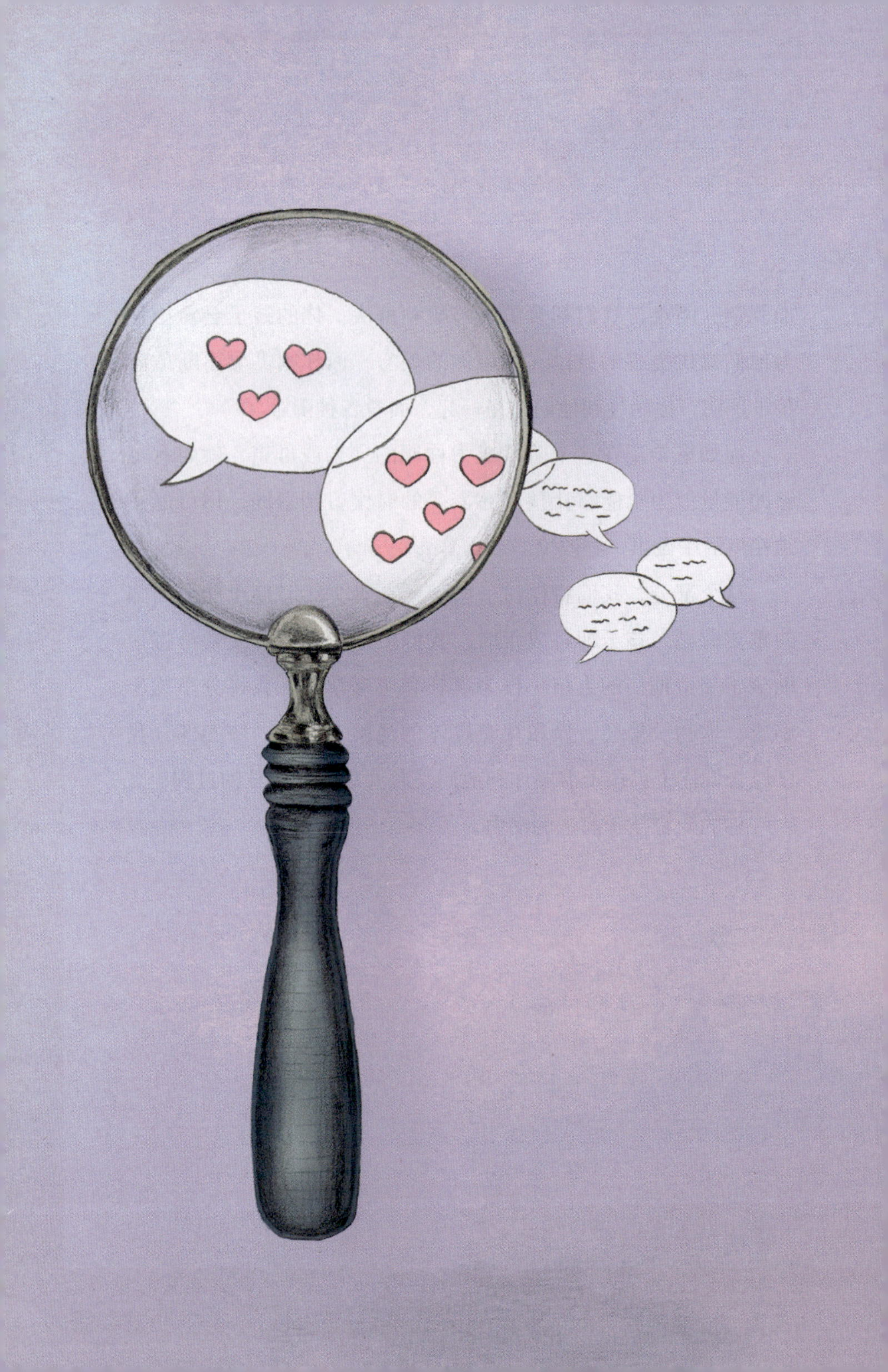

重要的闲聊

去年初冬的某一天,我在隔壁咖啡厅坐着。所有的桌子都坐满了客人,有的是一对母女,有的是三两老友,有两个男人看上去在商讨合同。我坐在靠墙的位置,静静地看着这一切。

人们有不同的相遇方式。人与人的亲密感与双方分享的故事有关,那些故事就像信号一样让我们聚在一起,相互了解。

你可以把和他人的对话想象成一座山:底部是关于天气和风的闲聊,或者是你听过的播客、电视上的某件事。在山顶,则是深度交流,是可以触动我们,让我们觉得更亲密的对话。我们通过交流来解决日常的问题,告诉对方发生了什么事情,应该采取些什么应对策略,以及获得或给予帮助。

♥

闲聊是进行重要交流的基础。

对于关系普通的人，我们只进行闲聊。对那些与我们很亲近的人，我们可以进行深度交流，获得被理解的满足。

通常，我们认为深度的交流最有价值。因为我们很少和他人有这样的对话，也因为它对我们来说十分有意义。事实上，那些能和我们进行深度交流的人，对我们来说都很重要。但是，深度交流并不能一蹴而就。爬山时，你不可能从山顶开始攀登。每一次深度交流的前后，都要有一些日常的闲聊。

这也适用于青少年。闲聊和实用的对话能帮助我们打开通往深度交流的大门。因此，如果相互之间没有闲聊，而是沉默和不信任，那么你们就无法进行深度的交流。

你要先打好基础。

你不能突然某一天对孩子说道："告诉我发生了什么事情，我觉得你好像很痛苦。"这起不了作用。你要通过闲聊做好沟通的基础，比如聊聊真人秀、电脑游戏、天气预报、新闻、运动、晚餐食材、零用钱、购物、音乐或其他日常的事情。如果你们能说到一块儿，就意味着你对孩子有意义，当他们需要帮助的时候，他们会寻找你。

交流的作用

在青少年变得缄默和难以集中注意力的阶段,亲子之间无法很轻松地交流。

然而有一些小点子有助于让对话更容易:

1. 在你听到事情经过的时候,不要保持沉默。
2. 当你问事情的进展情况时,接受孩子的回答。
3. 当孩子心情不好的时候,不要强迫对方聊天,这没有效果。
4. 利用好每一次可以聊天的机会。
5. 把握好不同的聊天状况。和孩子聊天时,你如果一直不说话,就难以从孩子那里得到重要的信息。

优秀的和糟糕的父母

如果你的孩子觉得生活很痛苦,这并不意味着你是糟糕的父亲或母亲。我记得,在一次家长会上,一位父亲鼓起勇气告诉大家,他们家因为作业而痛苦,然后有三位家长也举起手表示有同样的困扰。其实,他们实际上已经处理得很好了。一位家长表示:"只要有规矩就可以解决这个问题。"然而这并不是事实。很多问题并不会因为有好的规矩而得到解决。可能有的孩子有阅读障碍或者其他的学习障碍,也可能家里正处于一个特殊的阶段。

通常,如果孩子出现问题,家长也会面临更多的挑战。你们需要提醒自己,其他家长遇到的问题,自己也可能会遇到。

在某些时候,很多家长会陷入尴尬的境地。没有一个孩子是完美的,我们必须学会忍受孩子的缺点。事实上,很多家长都经历过这样的情况:孩子毁了我们努力在别人面前建立起的幸福家庭形象。作为父母,我们很容易因为孩子而感到尴尬。陷入困境的父母特别希望得到别人充满理解的微笑、一个赞赏的点头,需要有人对我们说:"你们真的很不容易。"

如果没有他人的安慰,父母就只能独自面对困难。然后,觉得自己是越来越糟糕的父母。

孩子的故事

青少年会经历很多事情，比很多人想象的更多。例如，愉快的假期、持久的友谊、温暖的回忆等。当然，也会有一些其他的事情。例如，父母离婚、被霸凌、宠物死去、友谊破裂、被他人拒绝和被孤立等。这些在孩子身上发生的或美好或痛苦的故事，会一直伴随着他们。

一个刚步入高中的女孩来到我的办公室。我认识她很多年了，从她的父亲在度假时不幸身亡开始。多年来，她的家庭一直在努力找回生活的平衡。她们仍怀念那个男人曾经在屋子里的笑声，而现在只剩下一片寂静。

我问她，我们已经很久没有见面了，她为什么突然给我发消息。"我不知道，我只是想和了解爸爸的人说说话。"她苦笑着说道："我必须和一个愿意听我聊起爸爸的人说说话。总体来说，我过得还不错，只是看到我的家被撕裂的样子，感到很难过。"

五年前，她的父亲去世，消失在了大家的视野里。生活终究还要继续。但是对她的母亲来说,一切都像刚刚发生。当她说起关于父亲的事情时,母亲仍然十分伤心,因此生气、大叫,并且希望通过酒精忘记这些。所以,女孩来找我是因为她觉得我能理解她,能够包容她回忆父亲的事情。

找到一个了解你的经历、包容你的情绪并可以和你聊起这些的人,对青少年来说至关重要。

你如果想帮助一个青少年,就需要深入了解孩子的经历。孩子只有被别人理解,才能理解自己。作为父母,你处在一个非常特殊的位置。你知道孩子的故事,也清楚不论事情发展如何,孩子都需要找个人聊聊。沟通会平息孩子内心的动荡,给他带来安全感。

保持对孩子过往的好奇心。你要知道,即使事情已经过去很久,它仍可能是需要跟老师还有教练分享的重要信息。

伤口没有办法自己愈合,你只有理解和亲近孩子,才能抚平他们的伤口。

爱情的伤痛

在一部瑞典电影里，主角是一个在城市里长大的小女孩，她为适应环境而苦苦挣扎。某个片段里，一位成年人安慰她，等她长大了，情况就会变得好起来。女孩眼里含着泪说道："我宁愿现在变得开心，也不要到25岁的时候才开心。"

大多数人第一次失恋都在青春期，他们就像掉入了无底洞。那不是心碎，而是粉碎，整个世界都因此不再运转。

当青少年情绪上头时，愤怒仿佛烈火燎原，但是他们也能突然就恢复常态。尽管如此，我们还是需要认真对待孩子的情绪。青少年不需要别人告诉他们，问题总有解决的一天。你的任务就是倾听，不要让孩子更难过。

慢慢地你会发现，孩子的心智也在成长，他们渐渐理解了背叛和拒绝是生活的一部分。对青少年来说，那一个刹那，他们可能觉得自己永远都不会摆脱黑暗。这会让人受伤，他们当时会觉得很难过，但是一切都会变好。他们需要你对他们说："我知道这确实很让人难受，但是来点儿巧克力冰激凌可能会让你感觉好起来。"

不要让孩子在遇到问题时觉得自己很孤独，是你能做的事情之一。

学 校

在初中阶段,青少年就已经开始了自我选择。作为父母,你也要一同成长:你从一个督促者,变成孩子的同行者,并为他们提供咨询。孩子13岁时并不一定会发生这种变化,但你如果观察孩子在学校的成长,就会发现这种变化可能会来得更早、更简单。

从小学到初中

从小学到初中,意味着孩子会进入新的学校,来到新的班级,遇到新的朋友和老师,打开新的圈子。来到新环境,很多人会觉得像是重新洗牌。此外,上初中也意味着孩子长大了,他们需要更多的自由,承担更多的责任。

你要和青少年一起期待接下来的生活,讨论学习的压力。相比以前,你们可以更具体地评价学科和社交。对于他们在初中的学习来说，重要的是学会怎样去学习。因此，帮助孩子适应学习生活是主要的挑战之一。你要为孩子喝彩，给予他们必要的帮助，让他们渡过这个难关。

这个阶段，孩子依然可能会出现学习困难症，而你要帮助孩子发现问题。青少年很难发现自身存在的问题，他们需要你的帮助。

从初中到高中

生活中总会遇到岔路口，总要做出选择：我想做什么？我能做什么？我到底想成为什么样的人？

选择一所高中，就是给自己一个机会去选择自己想要走的路[1]，不论是对做手工还是做困难的数学作业都有好处。同时，对于14~15岁的青少年来说，他们对自己还缺乏清楚的认知，不知道选择哪一条路才是正确的，而这种选择往往比实际经历更重要。

高中的好处之一就是环境变得更有指向性。在高中，青少年能更容易找到志同道合的人、一起思考的人、一起燃烧热情的人。

1　挪威高中通常会提供普通课程或职业课程。职业课程通常为2+2模式，经过两年的学校训练后前往企业或机构担任两年学徒，毕业后可以工作，也可以考取学分后上大学。普通课程和国内高中课程类似，毕业后直接申请上大学。所以高中正是孩子面临抉择的时候。

♥

<u>在这个年龄阶段，觉得自己不够好的情绪会被孩子放大。要帮助孩子对自己做出的成果感到满意。</u>

不论如何，孩子总会有失意的时候。他们会变得脆弱，会更容易感受到悲痛。因此，你的支持和付出是孩子振奋向前的最大动力。

在这几年里，青少年会面临更高的要求。但是，他们也会到达一个学习更多、自我认知更多的阶段。机遇之门正在打开。

现在或者永远不会

一些青少年对我表示，这些年里他们感到压力巨大。很多人觉得，他们现在必须明白未来的目标，必须保证每一件事都有完美的结果："成败在此一举。"

30年前的学习时间与现在是一样的，但是现在，我们却以更加严肃的态度谈论着孩子的学习。我们的语气变得更加强硬、刻板，好像这关系到创造伟大的事业和成为成功的公民。孩子在上八年级的时候，已经被灌输要在高中阶段表现得更出色的思想。我们说这些话的时候，仿佛忘了孩子需要慢慢成长,他们的计划能力也需要时间去提升。孩子上初中时,我们知道孩子会在学习上遇到低谷,那么孩子考砸的时候,又何必对此大惊小怪呢?我们知道男孩比女孩晚熟,又何必因为男孩在课堂上捣乱而生气呢?孩子面对这些问题的时候,很容易觉得自己很愚蠢。这时,他们从我们这里得到的信息是:"当这些问题出现,你必须马上解决。"然后,孩子会因为做不到而很快就泄气了。这就好像是我们把自己的灾难性想法强加在了孩子身上。

孩子需要时间去学习,这是一个循序渐进的过程,有时候我们甚至察觉不到孩子在进步。鼓励孩子不要放弃并继续学习,这可能是父母最重要的学习之一。但是,也不要忘了给孩子适当的休息时间。

"必须完成已经开始做的事情"

龙生龙,凤生凤。孩子会很自然地想要追随父母的脚步。但是,一部分家长过于操心孩子的未来生活,他们希望孩子按照他们的计划,快速完成医生或者工程师的学业,或者像他们一样成为艺术家。

过于强势和热衷于控制的父母,会给青少年带来无形的压力。

我记得在办公室见过一个女孩,她完全遵照父母的意愿生活。他们对于她在什么时间该做什么事情有着明确的安排。只要她开始做一件事情,她就必须完成,不能半途而废。对她而言,她觉得自己仿佛被碾碎一般,完全不了解自己的想法。当她要自己在生活中做出决定时,她才意识到自己有多手足无措。这让她完全惊呆了。

"我觉得,我自己没有办法独立做决定。"她说。

控制过多的父母只会给孩子的生活带来糟糕的后果。

当孩子遇到重要的选择时,我们可以帮助孩子冷静面对并从中学习。作为父母,你可以和孩子谈谈选择,小心地引导他们,并支持他们的选择。虽然你觉得让孩子自主选择会使他们在生活里走弯路,但事实上大多数人都会有走弯路的时候,这是他们必需的历练。

无论如何,即使孩子做出了错误的选择,也比一味听从父母的安排要强。

作业和学校任务

高中时期,做作业会比以前更重要。孩子需要能够独立地完成作业,并且作业的重复性低。对于那些已经准备迎接挑战的孩子来说,这无疑是件好事。但对于那些需要通过掌握方法和各种帮助才能完成作业的孩子来说，这无疑是困难的任务。

大部分青少年都喜欢独立完成任务，他们通常喜欢躲起来做作业，然后任由满是褶皱的衣服和干涸的茶杯散落在房间的某个地方。

有的孩子开窍晚，并且因为每一次进度的迟缓而深深自责，而另一些人则总能有足够的时间，一直学习到筋疲力尽。

通常来说，男孩发育得比较晚。当他们已经拼尽全力而考试结果依然不如预期时，你却不分缘由地责备他们，他们就会因此生气。女孩则在学习上十分用功，但也会因为犯错而胃疼，因为不佳的分数而落泪。

男女表现不同的原因之一可以归结于性别差异，男孩通常比女孩更晚进入青春期。女孩的大脑已经开始发育、掌握规律的时候，男孩的大脑才刚刚开始发育，并且男孩的学习能力也弱于女孩。很多女孩的父母大概都听过幼稚的男孩在学校集体活动里捣乱的事情，而男孩则向父母抱怨女孩没有幽默感。在初中阶段，孩子们的差异会特别突出，到了16~17岁，这些差异又会逐渐缩小。

另一个原因可能是性格差异。有的孩子相比之下显得更勤奋，更加关心自己的表现；有的则顺其自然。你的孩子可能在这方面与你相反，这个年龄段的他们表现得特别明显。

这些年里，很多父母会认为自己是孩子的好老师。青少年很快就会发现你到底支不支持他们，你是理解他们的那个人，还是不愿交流的那个人。青少年的大脑里除了"和我一起"，对其他事情都表现得很愤怒和陌生。你应该怎么做才能帮助孩子呢？

得小心作业

1. 要理解，作业很难。对很多孩子来说，从初中开始作业就变得特别难。
2. 帮助孩子整理一个框架。用多少时间做事情 a，用多少时间做事情 b，用多少时间睡觉——孩子需要你帮助他们掌握生活的平衡。
3. 要明白，大量的作业并不能让孩子真正地学到知识。用正确的方式学习，这是我们都要学习的事情。青少年会渐渐明白这个道理。
4. 写作业的时候容易有争吵，尽量在事后进行修补和解释，这样孩子就不会带着不好的感觉上学了。
5. 当你情绪失控时，你要及时对孩子说对不起，这适用于所有关系。青少年感受到你的愤怒时，需要一个解释。
6. 和孩子做一些快乐的事情，这会更容易让孩子接受你的帮助。
7. 尝试寻找家里和朋友中可以帮助你的人，关注周围那些可以帮助你的人。

求助,她搬去了宿舍!

有的青少年会选择提早离家。他们要去的学校离家很远,因此,他们必须要找宿舍或者租房。一个16岁的青少年能独立做很多事情,但不是全部。你要向孩子表明,你仍然有时间、爱和机会跟他们保持联系,你可以帮助他们整理出一个日常生活的框架。不要以为孩子离开家的时候,就已经可以像大人那样自己处理所有的事情。

要跟学校进行沟通,让老师和社工们明白孩子离家居住这一情况。如果出现意外,让他们直接联系你,越早越好。构建一个安全的社交网络是你能为孩子提供的最佳帮助。

兄弟姐妹之情与青少年

孩子进入青春期后，家里往往会失衡。你如果没有经历过，就很难想象情况能有多复杂。年长的孩子往往更关注自己，和他人分享较少，于是年幼的孩子会在这段时间里失去一个好朋友。你需要告诉年幼的孩子，这个阶段迟早会结束，只是现在要经历一段困难时期。

不论孩子是不是处于青春期，你都可以为孩子提供一个私人空间。你如果能帮助他们拥有各自的空间，会让他们更好地学会包容彼此。

其中的好处在于，孩子进入青春期后，争吵会少很多。当年幼的孩子也进入激素分泌旺盛的阶段时，年长的孩子通常会忽略父母对年幼的孩子太过溺爱这回事儿。从某种程度来说，这可能是事实。父母只要经历一次这个阶段，就更能明白孩子走出来的时机，而这期间发生的很多争吵都是完全不必要的。

不论家里的失衡有多严重，你都不能阻止它发生。可能你需要把家庭成员进行分组，更好地顾及每个孩子的情绪，让他们各自有时间和你相处。同时，你也需要组织他们一起玩，例如一起打游戏、旅行，或者一起去采购，这对他们来说很有意义。

在这个阶段，你能在某个瞬间发现"我们"的定义，那具有非凡的意义。

社交媒体

我们很多人都会关注社交媒体。它帮助我们维系朋友间的感情，展示我们为之骄傲的事情，分享自己的故事。社交媒体为我们提供了一个前所未有的场所，因为它，我们获得了他人的鼓励，让我们觉得自己很棒。

青少年满怀兴趣来到这个场所，他们可以在这里找到兴趣相同的人。有的人喜欢班级聊天群，另一些则喜欢短视频网站里的某个版块。这里有许多趣事，但也有很多陷阱。

当反差太大时

不论对成年人还是孩子来说，社交媒体最大的危害都是信息与真相差距太大。

我们看到的信息只是表面的一部分，表面之下还有无数的信息被掩藏。而社交媒体却忽视了这些信息。

几年前，一个十几岁的男孩到我这里咨询。他上初中时已经开始经营自己的短视频社交媒体，并且运营得不错，每周都会发布一些幽默而带点政治意味的视频。他快 20 岁时，突然感到十分空虚和疲惫。他以为是工作量太大的缘故，这确实是原因之一。但在我看来，这更多是因为他没有找到自己人生的方向，不知道自己是谁。不论他走到哪里，大家都只认识频道里的他，甚至他的父母都只了解屏幕前的他，而不是真正的他。这些年他只关注点赞和订阅，忘记了寻找自我。所以，他来到我这里进行咨询。

因此，如果你的孩子过于关注表达自己，那么你更应该关注孩子是否忽略了找寻自我。注意，一个 14 岁的青少年的身份认知，很快就会随着他们长大而改变。对孩子而言，最重要的是他们有足够的时间和空间寻找自我。

激进的信息与真相

社交媒体可以让人们认识志趣相投的人，但同时也提供了被误导的可能。很多青少年都喜欢寻找新的机会，他们愿意为自己热爱的事物燃烧热情，愿意为了契合这种认知而改变自己。你如果想尝试一种激进的事物，可以去找一个 15 岁的孩子。不论关于哪个方面——宗教、政治、身体或是外表，他们在这个阶段对事物的认知很容易走极端。但他们如果遇到正确的环境，或者有人愿意带领他们，就可以行得正，坐得端。网络可以提供走向极端的冲动来源，也可以让人们找到志同道合的人。

要知道，人们在网上看到的信息不一定是真相，这很重要。你如果想知道更详细、更真实的信息，就需要和别人讨论这件事，而不是一味地相信网络。父母要关注青少年在网上做的事情，可能你要研究那些你不感兴趣或感觉不真实的事情。一个女权主义的母亲，她的孩子可能会在网上寻找反女权组织；一个信教的家庭，女儿可能会寻找宗教批判方面的人和事。如果父母觉得这样的做法不可接受而阻止孩子，孩子或许不会争辩和反驳，但他们只会更快地接受那些本应该批评的事物。

请注意，互联网对孩子来说是一个不错的地方，但是他们也需要面对面地接触他人。他们需要社交，需要在现实中有被纠正错误和被接受的机会。所有的青少年都需要一个清醒的人帮助他们构建生活的秩序。

如何合理地使用手机？

如果青少年花很多时间玩手机，那么你首先需要思量你的

> 要知道，人们在网上看到的信息不一定是真相，这很重要。青少年需要和别人讨论他们看到的信息。

> **接近完美**
>
> 社交媒体有一个很好的功能，那就是可以在上面找到志同道合的人，找到一个归属地。但是，这也会增加孩子的压力：他们会与各领域出色的人进行比较，认为自己也应该是有影响力的人，应该拥有美食博主的饮食习惯和政治家的热情。对青少年来说，全世界的人都是潜在的观众。

生活习惯。你如果觉得不能让孩子多用手机，那么你也不能多用，不论是回复工作邮件还是玩游戏。你需要换位思考：在孩子眼中你是怎样使用手机的。

有的人会选择一个不使用手机的区域，有的人则选择一起做事以避免低头看屏幕。很多人在吃饭的时候收起手机，有的人则安排活动以减少看手机的可能，例如到咖啡厅聊天。如何让孩子少看手机，还需要根据家里的情况做调整，青少年没有办法自己设置界限。你要意识到，如果这件事情发展成你和孩子之间的纷争，那就意味着你已经输了。你可以和孩子一起讨论如何合理地运用时间，这是十分有意义的事情。

可能，我们需要更加关注彼此手机中的小世界。很多家长会关心孩子在学校发生了什么事情，但却很少了解孩子为什么看着手机大笑。你可以问问孩子什么事情那么有趣，和他们一起看、一起笑，让孩子感受到你的幽默。孩子不会因此消失在你们的世界里，正相反，生活会因此更加完整。

当孩子沉迷电脑时

　　我们以前没有面对过如此多的来自电脑游戏和社交媒体的挑战。今天，孩子们可以进入一个专门为他们设计的世界，并在里面畅游。那么，友谊和其他亲密关系又该如何处理呢？

　　一对夫妇曾经找我做咨询，他们16岁的孩子把学校之外的时间都用来打游戏了。

　　他们担心儿子会因此太过孤僻，觉得自己在很多方面辜负了孩子，没有帮助他和别人建立起良好的人际关系。在他们看来，孩子有两个问题：一、他玩游戏的时间太长了；二、他没有朋友。其实，他们还面临着第三个问题，儿子对他们来说很陌生。

　　他们曾尝试帮助孩子规划出一套生活方式，但是那样的生活并不是孩子想要的。结果就是孩子变得更加孤僻。

　　父母没有看到的是，屏幕的后面有朋友，有真正了解孩子的人。在那里，没有人对他们的生活指手画脚，没有人暗示他们应该"真正地"去见一个人，也没有人因为他们周五的晚上没有出去玩而失望。

　　游戏的世界比大多数成年人想象的要复杂。这些游戏是先进且知识密集型的，它涉及的人数和团队运动一样多，且需要多人合作。但是，对于过于担心的父母来说，几乎所有的电脑游戏看起来没有太大差别：它需要人一直坐在那里，人与人没有直接的沟通，缺乏真实性的友谊。这与孩子在树林里和其他孩子一起玩的场景完全相反。

你如果想要帮助孩子，首先需要了解孩子。因此，你需要和孩子玩一样的游戏，知道为什么游戏如此吸引他们。

游戏里会发生什么事情？他们会面对什么样的挑战？他们擅长什么游戏？为什么这个游戏让他们这么着迷？当孩子玩游戏的时候，你可以让他们给你讲解，并通过视频网站或者其他平台的视频了解游戏、学习游戏。你了解得越多，就越能和孩子聊到一起。你靠近孩子，就能和他们沟通，以维护亲子关系。你也会更容易从孩子口中知道，他们过得怎么样，游戏是输是赢。当他们需要的时候，你可以为他们喝彩或者安慰他们。

"所以你觉得我们应该让孩子就这样坐在房间里，吃着食物，玩着游戏，一动不动？" 16岁孩子的父亲问道。我回答他，无论如何，你都不可能让一个16岁的孩子做他不喜欢的事情。

除非房间外有更吸引他们的东西。当他们走出房间时，你要友好地和他们说话，而不是一味地指责他们玩游戏。

听孩子说说游戏的事情，你可以为他们提出一些建议。

如果你的孩子真的对游戏非常感兴趣，你必须尊重游戏的挑战性和趣味性。除此之外，你可以尝试和孩子一起寻找其他有趣的事物，一起参与一些家庭活动。你要向孩子展示，在虚

♥

孩子需要那些他们感兴趣的事物，而不是父母认为有意义的事物。

拟世界之外，学校、睡眠和朋友也都有意义。如果你认为和孩子讨论游戏是在浪费精力，那么你就无法达到目的。相反，保持和孩子的交流，并且一起做一些大家都喜欢的事情，把你们的注意力放到美好的事情上，效果会非常不错。

对孩子保持好奇

我相信，在孩子快速成长时，父母会变得特别困惑。但是，孩子需要做他们觉得正确的事情，而不是变成符合父母期待的人。

在这里，我总结一下父母会遇到的难题：你需要时刻保持对孩子的好奇心。不要轻易地觉得你完全了解你的孩子，以为他们和你的想法一样，感受一样，对于未来生活的期待也一样。基因有不可预测性，苹果从树上掉下来，有的也会滚落得非常远。有的孩子的兴趣是可以在世界的另一端找到朋友，而不是街道的另一端。

但是，所有的孩子都希望被父母理解，帮助他们在世界上

> 孩子需要父母能理解他们的世界。

找到自己的位置和群体。

可能就是因为这样,游戏才会设置各种规则和限制。但是,如果父母没有和孩子保持交流,没有对孩子保持好奇、尝试了解孩子的世界,那么这一切就行不通。作为父母,你有责任找到跟孩子相互理解的方法。

怀旧陷阱

青少年的父母常常会怀旧。例如，他们常常会想起孩子小时候的美好。"我记得你当时有多可爱，我的小女孩，"然后话风一百八十度转变，"但是现在已经看不到你当初可爱的样子了。"当你总提起他们曾经有多可爱时，青少年会觉得是他们做错了什么事，才导致现在这个局面。这就像是一个认错大会。你与其回忆曾经的美好，不如告诉孩子他们到底做了什么蠢事儿。这是一个14岁的孩子真正想听到的话。

另一种怀旧是，你一直和孩子说你年轻时的世界有多好。"至少那时候的学校比现在更有秩序。"但是对于孩子来说，不论父母当年的学校是什么样，他们都不感兴趣。这说明不了从前的学校就一定更好。

无论如何，孩子希望你能看到他们现在的样子，而不是一直回忆过去。

不要苛刻地判断

有一次,我在清理阁楼时发现一个纸箱,里面装着我曾经的日记。突然,我仿佛看到了曾经的我。从大人的视角来看,当时的我一意孤行,以自我为中心,有着非常激进的政治观点。如果我并不知道这是青少年成长的一部分,我会对年轻的我进行苛刻的评判。其实,这个年龄段的孩子主要关注别人怎么看待自己。如果能看到当时的照片,所有人都会发现同样的事情:大家都希望自己的衣着和行为与众不同。

你没有必要为曾经的自己感到羞耻。你只是做了大多数青少年都会做的事情。

你也没有理由对曾经的自己进行苛刻的批评。

青少年通过新衣服、新发型、激进的表达方式和不断改变的观点提醒你,他们不需要你给他们意见和建议。你的意见对他们来说不重要。这意味着他们想要获得寻找自我的权利。或许有一天,他们也会在阁楼上发现曾经的旧照片和日记,笑着回忆当时的自己。

霸 凌
—— 关于归属感的斗争

青春期前后，校园霸凌可能会很常见。小学时期，孩子就存在被以各种方式霸凌的可能。在他们找到朋友之后，很多父母都放松下来，认为霸凌已经不需要在意了。很多人以为，霸凌在初中就会渐渐减少，其实霸凌在以新的形式折磨着孩子们。同龄的孩子会寻找一个有归属感的群体，这是他们的本能，父母在这方面能帮到孩子的地方很少。

青春期，尤其是初中阶段，孩子们会开始产生等级分化。谁的能力最强？谁看起来最漂亮？谁最值得敬仰？孩子在这个阶段的表现，取决于他们进入青春期的时间。越早进入青春期，他们就越早明白如何处理这些有关青春期的问题。但是，如果孩子太早进入青春期，他们会因为没有经验而尴尬；如果孩子进入的时间太晚，他们在处理问题时也会表现得很幼稚。

这些好的品质在以后可以帮助到你的孩子：善良、喜欢交流、乐于助人。

中学时期受欢迎要付出代价，曾经的领导地位也会很快消失。人们经历青春期时，会认为别的事情更重要。那些曾经的美好品质在孩子眼里仿佛不值一提。

适 应

影响青少年的等级分化并不仅仅发生在青春期。异性吸引也是一个重要因素。

有共同的兴趣，一起打球，这些已经不像之前那样重要了。孩子对友谊和团体的兴趣主要在于朋友愿不愿意一起参与，而不是活动本身。

大多数青少年和成年人一样，处于不上不下的位置。他们尽其所能地让自己感觉良好，努力迎合周围的环境。与此同时，青春期的霸凌往往体现为排斥，这包括一些小得让人难以察觉的事情。例如，故意地耸肩，男孩或女孩经过时不易察觉的轻蔑，一个把他们排除在外的聊天群，也可能关乎谁获得了更多的点赞，谁的帖子下面什么都没有。这就像是一个无情的分类系统，如果他们没有获得想象中的点赞，他们就会觉得特别绝望。

衣服和设备也与此有关。我曾经和一个叫夏洛克的青春期女孩交谈。她是一个美丽而聪明的孩子，但却在初中的时候感受到了排挤。别人的东西似乎什么都比她好，大家都穿着同一牌子的夹克，相互欣赏。她以前不曾在意这些，但是现在她急

> 不论青少年说了什么话，只要你在他们身边，对他们来说就是一种帮助。如果能有人理解他们，那么什么事情都好办。

需一件同样的夹克，仿佛它可以帮助她打开友谊之门。那件夹克很贵，家里负担不起，但是她一直不断地哀求父母。最后，母亲在折扣店里买到了这件夹克，看起来和他们穿的很像。夏洛克开心地穿着这件夹克来到学校，却没有人关注她。几天后，一个很受欢迎的女孩问她在哪儿买的这件夹克。"你是在折扣店，还是别的什么地方买的吗？"她的语气并没有什么问题，但是却像一双手，狠狠地把夏洛克从想要的东西身边推开。几年之后，夏洛克才真正明白，其实这与夹克在哪里买的无关。

所有的青少年都希望和同龄人拥有类似的东西，这可以表明他们是这个群体的一员。大部分父母都尽力帮孩子买夹克、裤子或者包包。有的家庭没有这个经济条件，父母会对孩子说实话，而有些家庭则选择负担起高额消费。无论如何，孩子告诉父母他们想要这些东西并没有错。你要表明你可以理解孩子的心情，你要帮助孩子保持心理平衡。

青少年身上还有很多不成熟的地方。他们努力在社交上做到最好，即使仍然会失败。此外，他们对别人会比自己想象中严厉，也对自己特别苛刻。然而，贬低别人不会让任何人变好，也不会让青少年感觉良好。作为父母，你要对其他孩子也有一颗宽容的心，不论是霸凌者还是被霸凌的人，他们都缺乏做人的经验。你需要用友好的方式与孩子沟通，让他们和你说说周围发生了什么事情，表示你对他们的生活充满兴趣，并肯定孩子对别人的善良是不错的举动。

所有的青少年都向周围的人发出同一个信号：他们想要变得更好，获得归属感。可能孩子会说你完全帮不了他们，其实你可以。

有一个了解孩子的人在身边，总会让事情变得简单一点。

孤独的孩子

当你看到孩子特别孤独、无助时，你会感到特别难过，无能为力的感觉让人手足无措。成年人不能再对孩子的事情过多插手。

"我不敢相信他们居然这样评价别人。"一位13岁孩子的母亲打电话告诉我，她的孩子被移出了班级群聊。现在，她不确定是否要提醒老师这个问题。女儿并不愿意她这么做，认为这么做没有任何意义，只会让她更加被边缘化。

我可以理解孩子的质疑，但是一位优秀的老师可以给予帮助，并在班级里采取一些措施，使相关人员的情况得到好转。

老师可以通过了解事情的经过来改善班级里的小社会。

当然，这始终是一个难题。你能做的最重要的事情就是理解孩子的失落感——那种尝试在外面的世界寻找志趣相投的伙伴，最后却一无所获所产生的失落感。你必须尝试去理解被人孤立的焦虑感，如果你发现孩子处于被孤立的状态，你可以告诉孩子你很爱他们。

不要随便敷衍，不要虚情假意，你需要真正理解孩子的感受，并站在孩子身边，这就是你能做的最重要的事情。

站在孩子的角度

我们用全部的爱和热情浇灌孩子，希望他们获得幸福，但是也很容易走入误区。"放轻松，这一切很快就会过去。"你可以对他们这么说。但是这对时间概念很糟糕的人起不到安慰作用。对处于困境的青少年来说，三年就像三十年一样漫长。

这好像很容易找到解决方法。你可以对孩子说："你是个好孩子，只要保持好心态，很快就会有人喜欢你。"但是，这种解决方法只会让孩子觉得你不了解情况。然后，他们就会感到更加无助和孤独。

一位 13 岁孩子的母亲再次打电话给我，说她有点失望，并且开始指责女儿。原来她的女儿不知道做错了什么事情，导致被班级排挤。"你可以试试这个方法吗？"她对女儿说，并且给出了不同的建议。然而,她的女儿却不再愿意和她说话。母亲给出的所有建议都让女儿觉得自己不够好,她的母亲和别人一样不喜欢她。因此,建议并不起作用。

最好的方法可能是站在孩子的角度,对她说:"我也不知道有什么好方法,但是不管发生什么,我都站在你这边。你觉得做什么最好呢?"然后,你可以尝试和孩子做点好玩的事情:出去晒晒太阳,在公园遛狗,一起听歌。美好的时光可以帮助孩子恢复心情。

持续霸凌?

孩子升入高中后会面临新的挑战。很多孩子会觉得终于可以松一口气了,但是另一部分孩子却觉得陷入了新的社交困境。那些在初中如同国王或者王后般耀眼的孩子,到了高中时会惊讶于他们面临的新的等级分化。那些在初中就没有存在感的孩子,则希望有一个全新的开始。在高中时期,社交活动中的碰撞可能会更激烈。假期和聚会常常会成为青少年寻找归属感的重要领域。相比从前,现在更重要的事情是青少年需要找到正确的方向,并且解决随之而来的问题。

去年夏天,一个16岁的男孩找到我。他的母亲想跟他一起来,但是他拒绝了,他想独自和我交流。最近几个星期,他一直把自己关在家里,父母非常担心。他觉得事情都朝着不好的方向发展。"发生了什么事情？"我问道。"我毁了一切"，他说。他的成绩一落千丈，父母很失望，老师也不理解他，他觉得束手无策。

然后他具体说了事情的经过：他的电脑在几个星期前被偷了，之后他发现是班里另一个男生做的坏事。更糟糕的是，他被那个男生要挟，因为对方获得了他电脑里的文件。电脑里有他的梦想、幻想和计划，而现在这些在小偷手里变成了针对他的武器。因此，他不想去学校，更不想和别人谈起这件丢脸的事情。

我又具体了解了事情的经过，之后联系了社工和警察。最后，事情解决得比他想象的还要顺利。我们之后持续进行了一段时间的咨询。他认为，这件事情之后，他很难和有这样不良行为的男生一起上课。信任需要长时间才能建立，而对一个16岁的孩子来说，他需要更长的时间。在这之后，男孩依然持续寻找却又依然难以相信他人。他没有办法承受这么多的烦心事。

"发生了什么事情？"

父母会因为孩子的各种问题而责怪他们。"我收到老师的信息，你为什么没有带运动服？你这一天到晚都在做什么？我明明已经叮嘱你很多次了！"你向孩子提出一连串的问题，但是始终得不到回答。孩子会避免和你争执而保持沉默，而你永远无法从孩子口中知道真正的原因。可能他们只是忘记了，也可能这件衣服还有别的故事，所以他们选择"忘记"它？

你如果想要得到孩子的回答，最好问一些开放性的问题："我刚刚收到老师的信息，上面说了运动服的事情。告诉我，今天是不是发生了什么特别的事情？"如果你可以控制你糟糕的情绪，那么孩子就很有可能告诉你真相。

睡眠与压力

成为父母的 20 年中,最无聊的事情大概就是叫醒孩子。他们睡得很沉,永远一副疲惫的样子,即使离上学只剩 10 分钟,他们也没办法马上起床。很多人把问题归结于电脑游戏、缺乏维生素或者其他原因,好奇怎样才能扭转这种情况。

但还有一个更主要的原因:青少年在发育时期,身体会减少与脑部细胞的连接,一般会发生在深度睡眠中。这意味着,与其他时期相比,孩子在青春期会睡得更沉,更少做梦。

你的孩子如果小于 3 岁,则会出现相反的情况。这个阶段的孩子会睡得很不安,因为脑细胞开始和身体进行连接,而这个过程比较容易发生在睡梦中。

如果你老是担心没办法把孩子从沉睡中拉起,那么你应该提醒自己,这是因为孩子的大脑在发育。

我们在青少年身上看到的另一个特点就是,他们在改变自己的作息。他们希望晚点睡,但是睡得久一点。孩子小的时候,他们总是喜欢 6 点起来，有时甚至更早。他们总是喜欢睁开眼的时候，马上就能看到他们最喜欢的父母。而对青少年来说，他们希望有更多的私人时间，并且在大人睡觉之后有自己的专属时间。他们特别享受这个只属于他们的时刻。有的家长会认为，这是孩子有了手机的缘故，其实这种特殊的需求一直存在。我小的时候，喜欢戴着耳机听音乐或者写日记。你如果特别幸运，那么会有同学来找你玩，或者大家一起参加聚会，孩子会觉得这种"属于我的特有时间"特别美好。青少年需要并且会在这种时间里成长。

青少年并不会因为自己表现不佳或者惹恼你而疲惫不起，他们只是单纯地起不来而已。你需要继续尝试，3 分钟后再来叫醒他们，用爱来帮助他们。你可以把孩子想象成正在调整时差的人，虽然叫醒他们是件困难的事情，但是这很有必要。有一天，这些烦恼会突然结束。大脑完成发育，孩子恢复了正常的昼夜习惯，生活的平衡又一次回来了。

照顾自己

给自己充足的睡眠意味着照顾好自己。如果你很疲劳、饥饿或是绝望，这会影响你的感情生活。因此，教导青少年寻找生活平衡的关键，在于告诉他们"你值得拥有更好的世界，你也应该好好照顾自己"，这是青春期的关键信息。

父母的任务之一，就是长期为孩子维系生活的平衡。对于青少年来说，他们没有办法好好照顾自己。在这个阶段，你仍然需要照顾孩子，坚持一下吧！——即使你觉得一直在做重复的事情。

此外，你向孩子展示你所拥有的平衡生活的艺术是个不错的开始。你睡眠充足，吃健康的食物，在朋友需要时挺身而出，和朋友一起开怀大笑。只要你能够向孩子展示你拥有不错的生活，孩子就会感受到作为大人是一件很棒的事情，他们就会对未来有美好的期待。

减压！

青少年并不擅长承受压力。他们会因为压力而不知所措、焦虑，进而影响身体健康。因为年轻，所以孩子的焦虑很容易体现在身体健康上。此外，他们不擅长计划，没有能力明智地分配精力。当然，长期的压力对所有人来说都很危险。

一天之内，大脑会根据不同的任务以不同的强度进行工作。它应该努力工作，同时也需要适当休息。睡眠对大脑来说至关重要，它可以帮助"清洁"大脑，恢复大脑的精力，为新的一天做准备。

如果大脑必须长时间地进行高强度工作，那么睡眠品质会大大降低。因此，压力会对身体造成双重伤害。

奇怪的是，我们经常以为承受住压力之后就会有所成就。青少年特别能接受这样的想法，他们觉得只要不停地努力就会有收获。然而，这往往事与愿违。他们可能会因此感到难过和羞愧，甚至抑郁。

换句话说，青少年需要你的帮助。他们缺乏正确地适应不同强度任务的能力，因此需要你帮助他们入门以及学会冷静。你要成为孩子的压力调节器。他们需要休息、放松、放空，或者躺在床上。他们不需要时刻保持完美。家，是孩子最佳的放松环境。

可能你会说，你的孩子几乎从不努力。大多数人都会顺从自己的天性，他们冷静到让父母觉得大脑的发育完全没有影响他们的生活。然而，你要把孩子在外面的活动和家里的事情都看在眼里。学校、朋友、课外活动都可能是孩子努力的一方面。孩子想要在这些领域找到属于自己的位置。如果你能够明白他们想要休息的需求，你也就能够理解他们努力学习的动机。在高中阶段，身体开始适应更多活动后，这一切就会恢复如初。同时，你没必要和青春期的孩子发生过多争执，尝试放轻松，找一点让自己觉得开心的事情。

世界上最独立的人

16~17岁的孩子特别像个成年人。初中时，大脑为了发育而保存能量的阶段已经结束了。现在，孩子即将迎来新的成长阶段，烟花般灿烂的阶段。青少年知道的事情很多，他们已经学会用新的方式思考，逻辑性加强，能够考虑大局。大脑连接完成之后，孩子会觉得自己像个超人，像一个成年人一般强大。

我对那个时期记忆犹新，每次回想起自己当年对事情深信不疑的态度时，我都会脸红。17岁时，我对我的整个人生可能遇到的问题都有了一个明确的答案。

但是，对于成年人这个身份，我仍然有许多东西需要学习和理解。未成年人和成年人之间有许多细微的差别，而一个过分自信的青少年明显不会发现这些细节。

16~17岁的孩子很容易变得傲慢，觉得自己无所不能。他们认为自己可以离开家，自力更生，他们成熟到足以和恋人同居。当然，等待是最明智的选择。即使孩子的大脑已经发育成熟，但是他们仍然没有与之媲美的能力。

你可以开心地看到孩子的成长，但是绝对不要相信他们真的可以自己做好一切。

注意:

男孩会比女孩更晚进入这个阶段。即使这些状况出现在孩子18~19岁时,父母也不必过分担心。不利的是,这些问题可能会反映在男孩的成绩上,因此你们需要多花点时间在学业上。

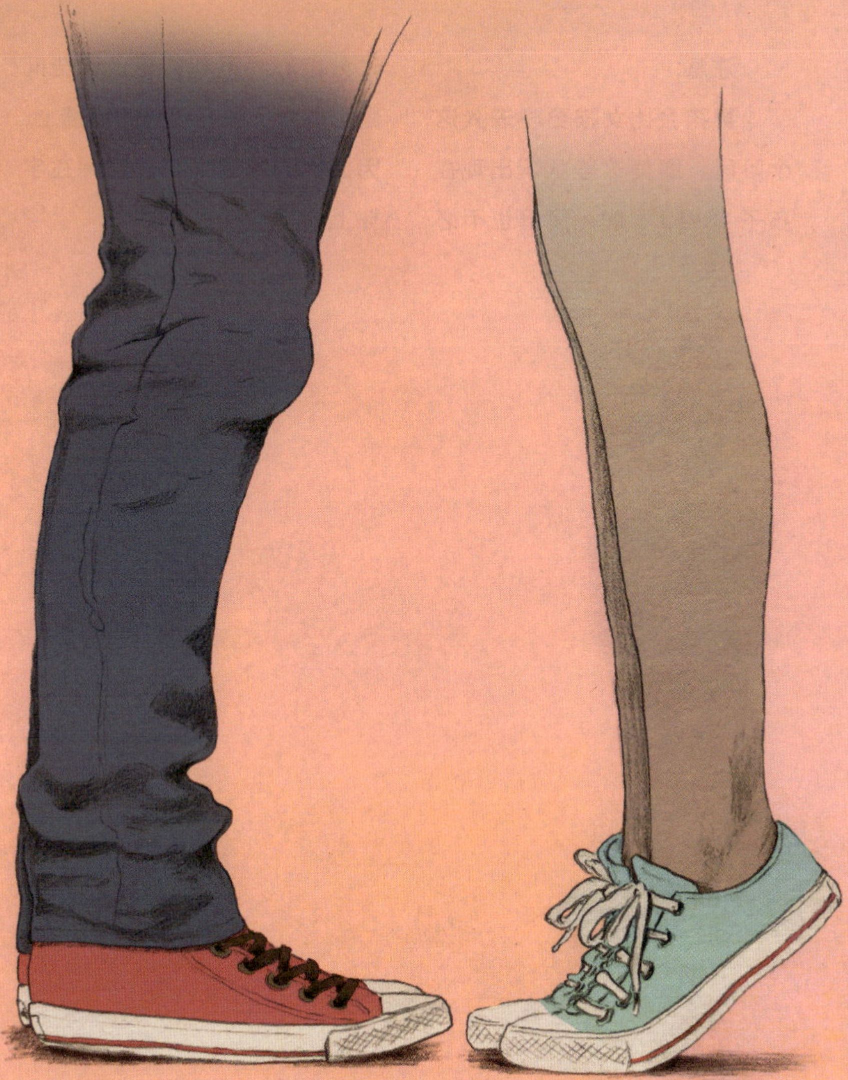

性启蒙

当我和朋友聊起孩子性欲的萌芽时,他们都会摇摇头。他们觉得这个阶段有点儿麻烦,但是我认为这是一个美丽的阶段。自然界里所有的生命,所有的希望,都存在于这一个小小的、笨拙的步骤里。

如果你是认为这件事儿很麻烦的人之一,那么我要给你一个明确的建议:不要因为性行为而内疚或羞愧。如果,你13岁的孩子在看到某个不合适的镜头时张大嘴巴,你最好不要说:"天啊,这真恶心。你快把它关掉!"孩子面对性行为这件事儿时,你不要因为它而不舒服,或者因为它而觉得难以开口。

有时候,最好什么都不做。

性行为不仅仅关于你和谁睡觉。

你的人生观、你与他人建立亲密关系的能力和意愿,是其中的关键。并且,孩子需要空间来探索自己的性行为。

保持联系

在青少年的第二性征发育成熟之前，他们讨厌注视他们身体的人。你会发现，他们喜欢把自己包裹在宽松的帽衫和运动裤里，仿佛可以借此把自己藏起来。即使参加晚宴，他们也会坚持这样的穿着。但是，这并不是青少年的叛逆，而只是他们在转变阶段下意识的行为。

当他们身体发育成熟时，很多人都乐于炫耀自己的好身材。特别是在社交媒体上，女孩们会自豪地晒出各种好身材的照片。这就好像他们第一次得到音响，看看能调到多大音量。

在这个年龄阶段，男孩和女孩都在展示不一样的"性"特征。他们无意识地向周围发出信号，用衣服打扮自己，女孩会画上浓妆，男孩会变得傲慢或大男子主义。

孩子会使用自己没有完全掌握的方式，去展示自己对于"性"的理解。当他们学会掌控"性"，就会开始约束自己，而不是像之前那样张扬地表现自己。他们只需要学会"调节音量"。

> 如果你想要控制孩子的性走向，那么你将经历一段危险的旅程。任何尝试控制孩子发育的成年人，都会给孩子带来问题。

我认为，当父母面对这种情况时，最好的做法就是不要过分谴责孩子的行为。

如果你的女儿穿着过分暴露的裙子，你可以对她说："你看起来很棒！但是，我觉得胸部可能有一些过分暴露，谁知道会发生什么事情呢？"或者，她可能已经成长到明白这样的暗示："你很漂亮，但是别人看你的时候，只会想到性感而不是你的魅力。如果你遇到了不愉快的事情，你一定要告诉我，好吗？"

如果你对孩子进行过分的批评，当孩子遭遇你曾提醒她的事情或者当事情完全超出她的预期时，她就会不敢告诉你。例如，一个男孩在聚会上对她动手动脚，她很可能不敢和你说。相反，她会找一个没有经验的同龄人进行讨论，或者选择独自一个人面对这个未知而困难的世界。

我可以多严厉？

在某个时间段，你的孩子会有男/女朋友。他/她会想要和某个人在一起。有的孩子会很早就谈恋爱，大部分孩子会晚一些。作为父母，你既要正视孩子的自然欲望，也要明白他们仍然是需要你照顾、提醒他们睡觉和给予他们空间寻找自我的孩子。

如果你对孩子过分严厉或者对他加以强烈谴责，你反而很难让他们听你的。欲望总要找到一个出口。那些过分严厉的父母会失去帮助孩子了解危机的机会。

如果你对孩子说:"我很高兴看到你们在一起,现在你已经长大到可以做你喜欢的事情的年纪了。"那么你可能过早地把大权交到了孩子手里。他们目前还不能够承担所有的责任。因此,他们需要规则来约束自己。他们需要宵禁,需要知道谁可以和他们一起睡,需要你对他们的事情感兴趣并询问事情的经过。这一切都需要你能够掌握一个平衡,绝对不能够退缩,把孩子推向他们自己无法负责的领域。

讨 论

孩子并不需要你和他们讨论目前还没有涉及的事情。

一些过分热情的父母会渴望告诉孩子关于性的美好,这与谴责孩子的父母一样,对孩子来说没有什么意义。

当你想和孩子聊起性时,你不要把它当作一个很重要的话题。相反,你可以在一些合适的闲聊中提起。性生活属于私人生活的一部分,你需要小心地寻找合适的方法与孩子交流。无论如何,我都认为这是与孩子交流的一部分。性生活不是家庭之外的事情。可能父母之一可以和孩子用聊天的方式讨论一下,而不是把它当成一个重要的话题。根据孩子的反应,你可以适时做出相应的调整。

当孩子13岁时,他们可能会在某个突兀的时间点问一些他们听到的词，或者突然聊起避孕套。觉得这个话题很严肃的父母会咬紧牙关，尝试用一个好的方法和孩子解释。从孩子嘴里听到这个话题，你可能会觉得有点鲁莽，但是你要理解，他们在询问这件事之前，已经在脑海里演练了无数次。你不能尴尬地说："我们不讨论这个。"孩子现在思考的这个问题，需要你给一个合理的解释，很可能某天他们独自回家时，会思考你给的回答。

设置底线

过早发生性行为是一个问题，这可能会影响孩子对于性的看法。如果孩子在没有准备好之前就发生性行为，他们很可能会质疑自己到底为什么这么做。这会使他们难以设置自己的底线。

这对男生和女生都适用。一个 14 岁的孩子很可能会遇到缺乏平等观念和同理心的人。在这段关系中，不成熟的孩子会为他人所伤，从而产生直接的心理伤害。

如果能够了解自己的底线，孩子就能够拒绝别人。因此，在懵懂的青春里，性虐待经常发生在孩子知道自己需求之前。性虐待造成巨大的伤害后，因此产生的羞耻和孤独感就像一个胶囊，紧紧地包裹着孩子。对孩子来说，性仍然是一件捉摸不透的事情，因此他们很难和别人聊起。疼痛可能产生欲望，而激情也可以带来伤害。

你的孩子很可能因为不了解自己的底线，看不清楚全局而导致陷入困境。因此，他们会受伤并感到孤独，这对孩子的成长并没有什么好处。

请注意，男孩也会受到伤害。当男孩受到性虐待时，可能会出现两种情况，要么没有人相信他们，要么嘲笑他们。

因为性别而忽视男生也可能遭受性虐待，将会给孩子带来巨大的伤害。唯一的解决方案就是找到一个能够理解他们的人。

那些神奇的瞬间

某一天,你们坐在公交车上。你可爱的15岁女儿忽然回头看着你,对你说:"妈妈,你知道很多人都觉得和父母很难沟通吗?"很明显,她想告诉你她很乐于和你交流。或者,你14岁的儿子突然气喘吁吁地跑过来和你说起他最喜欢的足球队。是的,只是关于足球,但是他很开心并且很感兴趣。更重要的是,他在和你说话。

你正在做菜,你的孩子小心翼翼地靠近你,想和你说说话。他觉得有一个女孩很特别,他有点喜欢她。这可能有点奇怪,但是你们突然就聊起来了。你知道孩子遇到了什么事情,你们聊起他的一些小秘密或者一些日常的事情,你们一直在交流。这是多么美好的场景。

一部分父母会经常和孩子聊天,哪怕只是几分钟也足够了。

这些日常生活中的瞬间,会让父母觉得自己在孩子心里是特别的存在。你们会发现,"你们"仍然在孩子心里有一席之地,即使孩子进入青春期后你们的交流已经渐渐减少。

在你的孩子看来,这些细碎的时间对他们来说很重要。他们珍惜这些瞬间,并把它们深深地放在心里。

这些瞬间形成了家庭的凝聚力,让你们开心地黏在一起。

饮食、身材和外表

很多人以为，孩子成长为青少年时，父母就不需要再为孩子的饮食担忧了。但是，饮食会延伸出另一个重要的问题，孩子可能会为此陷入水深火热之中。

饮食、身材和外表是生活的三大重要元素，它们意味着别人如何看你，以及你如何看待自己。现在，父母要表现得足够机智，不要让它们成为你和孩子之间的战争导火索。

你可能曾经很容易在类似的战争中取得胜利，但是那已经成为过去，现在的你已经不可能再次取胜。因此，如果你引发了这场战争，你只会损兵折将。孩子会因为想要证明谁拥有主导权而跟你作对，他们现在已经成长到足以证明这一点了。你能做的就是放宽规则，减少对他们饮食习惯的关注。

"我看起来好看吗？"

孩子走到客厅询问："我看起来好看吗？"这听起来是一个普通的问题，但也是典型的父母容易回答错误的问题，特别是孩子看起来不太好时。你必须让孩子弄清楚他们对自己外在的评价，而不是你在旁边进行评判。你可以选择说"是"，或者问对方"你觉得好看吗"，这两个答案都不错。你如果选择说"是的"，可以接着说："你看起来很好看。"如果孩子回道："我不太确定我要不要穿这个。"你不要帮孩子做决定，但是可以问一个开放性的问题："你认为穿这件衣服会有什么不同吗？"最重要的是，你不要成为评委，你的点评只会给孩子造成混乱。

青少年并不需要你的点评。他们需要的是在他们做出选择后，你可以给出接受的态度。身材对于青少年来说是私人领域，他们不希望别人看到或者进行评价。此外，随着孩子的发育，他们的身材也会产生变化，孩子需要根据自己的发育情况而改变穿着。这个过程对许多青少年来说都很困难，他们不应该再被打击。因此，父母需要避免评论孩子的身材，不论好话还是难听的话。

健康的生活

几年前，一位父亲来到我的办公室，提及他的女儿在家里和学校都很容易发脾气。我见了她几次后很快明白过来，她发火是因为觉得自己不够好，没有归属感。她的体重不断增加，而她的父亲非常在意她的外表。圣诞节的时候，她得到了运动馆的年卡，橱柜里也满是健康食品。她觉得父亲一直在对她的身体指指点点，例如她的外貌、她吃的食物、她有多久才运动。很明显，她的父亲并不满意她的体重，她并没有父亲所期待的身材。她本来还期待自己能够轻几斤，然而什么方法都不管用。她觉得自己的父亲用尽了各种办法评论她的体重。每当她买了一条新裤子，他总是觉得裤子太紧了，她需要多运动。她希望瘦下来的期待渐渐变成了对父亲的愤怒。如果父亲这么关心她的体重的话，她不介意多胖几斤让他多焦虑一会儿。

在向我咨询的时间里，父亲说出了他对女儿的担心。

他很担心她变成大人时没有办法瘦下来。在他眼里，女儿只有瘦下来才能从孤独而没有动力的生活里被拯救出来。他认为超重的人没有自制力。虽然他想要"拯救"孩子的想法并没有错，但是他很明显没能达到目的。他也知道我和他女儿聊天的内容，但是他表示自己很难做出改变。

♥

对青少年来说，身材是私人领域，他们不希望别人随便评价。

"我没说她一定要瘦下来,我只是说她要看起来健康而强壮,运动可以帮助她。"他说。

"但是她很聪明,她明白你的意图。"我回答。

"但是,她之前并没有那么强烈的反应。"他叹了口气。

在这一点上,他是正确的。孩子只有进入青春期后,才会发这么大的火。

我建议我们做一个实验。他不要对女儿说任何关于身体的评论,而是将它们写在本子里,下一次会面的时候带来。两周以后,他带着本子来了,上面写满了他的评论。他说:"我不知道为什么会想这么多。看到这些,我并不认为别人听到这些话后会觉得不错。"当他第一次看到自己写的东西时,他就知道自己应该怎么做了。

这也是第一次,他居然买了巧克力回家。这对女儿有用吗?

是的,她变得平静,大发脾气的次数也减少了,她不再经常感到难过。

顺便说一句,我在五年后再一次遇见她。她那时候19岁了,自信而美丽。毫无疑问,她做得很好,不孤独也很有动力。

中间的位置

在青春期,很多孩子都比以往更想要控制自己的体重。然而,有的人不愿意为此做出牺牲,有的人选择控制饮食但没有严格执行，有的则严重饮食失调。

因此，作为父母的你，最重要的是帮孩子轻松地协调饮食和运动。在橱柜里放上健康食品，让孩子尝试新菜与新的运动。最重要的是，你需要接受孩子的样子，即使他们已经因为发育而变得胖乎乎。

现在的青少年太容易接受极端的做法。为了远离极端的做法，你需要向孩子展示健康的生活方式。

如果我很担心，该怎么办？

你是否担心孩子厌食、暴饮暴食，或者承受着不健康的身体压力？孩子不想吃东西、呕吐或者暴饮暴食，是希望控制体重的一种表现。当孩子努力想要让自己更好看时，他们就会诉诸这种行动。

"如果我能瘦下来，我就能够变得更受欢迎。"他们的想法并不难理解，但是问题在于他们很难达到目标。很多人发现这个事实之后，就会选择一种自己可以接受的方式正常饮食。但如果饮食失调，则可能会危及生命。因此，如果你的孩子越来越瘦，你需要寻求专业的帮助。

相对地，如果你的孩子暴饮暴食，并且喜欢躺在床上，这通常是孩子觉得自己不舒服的表现。食物能让人平静，给人以安慰，但是长期的暴饮暴食会导致体重增加，之后孩子就很难瘦下来。这时候，你一味地责备孩子，只会把事情越弄越糟。父母需要小心提醒孩子，虽然结果可能会令人沮丧。你可以给孩子提供健康的食品，避免囤积零食，寻找困扰孩子的问题，尝试帮助他们获得更好的生活。体重是一个敏感的话题，这将伴随孩子一生。

长大成人！

"我现在可以决定一切了！"18岁的孩子自信地说。他们要去哪里，什么时候回家，要做什么，这些他们都可以自己决定了。他们虽然仍住在家里，但是你对他们可能会有一种无话可说的感觉。即使你发现孩子做出了一些未经思考的选择，或是把自己推入困境，你也要对此保持沉默。虽然你可以尝试设置界限，但是孩子很可能会告诉你，这与你无关。"我明天就搬出去。"当你指出他们依然住在家里时，他们就会这么回答你。但是你并不愿意他们这么做，因为你感觉得到，他们依然需要你。

你该怎么做？

现在，你需要同时看到两件事情。你必须和孩子不断地交流，不要抱怨，不要说你有多难过。把纽带关系当作助力，告诉孩子你始终在这里，只要他们需要，你随时可以帮助他们。同时，你必须认识到你不能为他们做所有的事情。他们会做出自己的决定，即使你知道他们会犯错，也要放手让他们自己去经历。

通常来说，他们这时候会比17岁时更加自由，但是仍然需要一些规则。他们和你一起住的话，你可以和他们商量晚上什么时候回家，他们可以在家里做哪些家务之类。大家住在一起，意味着要相互迁就。

喝 酒

我们有必要担心青少年会因为喝酒而酒精中毒。他们的大脑还比较敏感，仍然处于发育期。他们的判断能力也比较差，会轻易地冒险。换句话说，酒类会对青少年的大脑产生非常糟糕的影响。

我们可能很难阻止孩子喝酒，这是孩子成长中必然会经历的一环。但是，你可以先和他们谈谈。在一次又一次的交流中，你可以慢慢地影响孩子。最后你会发现，交流比恐吓更有用。

经常有人问我，和别人分享自己的经历、犯的错是否明智。很多人后来发现，原来自己经历过那么多悲伤和危险的事情。你当然可以尝试分享当年那些令人惊奇的遭遇，但我觉得大多数青少年可能对你的故事并不感兴趣。而且，你做那些蠢事时，是谁曾经警告或者阻止了你呢？你听劝了吗？

我认为，你年少时的经历对自己来说是宝贵的财富。但是，当你用这些来表明你很懂青少年时，后果可能会很糟糕。

一些 14 岁的青少年尝试过喝红酒，然后回到家醉倒在地。他们热衷于探索未知的领域，却又容易被吓倒。不论发生什么事情，你的任务都是和孩子多谈谈。"发生了什么？""你还好吗？""你在想什么？"

作为父母，你要学会帮助孩子们面对恐惧，并且让他们明白你值得信赖。只有这样，当他们遇到害怕或者不舒服的事情时，你才会第一时间就能知道。那些平时就和孩子保持交流的人，最终也能帮助他们处理问题。

重要的谈话

我一个朋友的儿子在 15 岁时突然开始无节制地吸烟。她知道孩子肯定遇到了什么问题，然后开始思考到底什么地方出了问题。她开始看儿子的短信，想知道谁和他一起玩。对她来说，吸烟是儿子处于危险边缘的信号。

她因为儿子什么都没有跟她说而生气。

对此，我建议她先什么都不要做，一直到冷静下来为止。"你如果现在做错了，真的可能会把你儿子推下悬崖。"她与儿子的对话，必须是孩子愿意主动分享更多的信息，而不是她一味地指责孩子。

一周后，她和儿子即将对质。我们都同意用一种开诚布公的态度作为开场白："我知道有些事情正走向糟糕的方向，你可以告诉我发生了什么事情吗?"一开始她的儿子选择了否认,像大多数青少年一样,否认自己陷入困境。但是,他慢慢敞开胸怀,开始和她说起事情的真相。当然,她始终保持冷静,也对孩子说出了她的想法,并告诉孩子,他的安全对她来说比什么都重要。

其他可能让你担心的地方,也许是过于严厉的规则,也许是环境有问题,总之,你需要帮助孩子摆脱麻烦。最重要的是,你要让孩子知道你这么做的理由。如果他们以为自己不能出去玩是因为吸烟,那么对于青少年来说,这种限制是没有意义的。你需要和孩子讨论你担忧的事情,让孩子参与进来。

奇怪的是,这种情况下,孩子反而会与你越走越近。你和孩子说清楚缘由,比软禁他们更能起作用。

你要尝试给孩子一种你们是一个团队的感觉,而不是把孩子推开。你就像一艘船的船长,你看得更远,但你不能独自决定去向何方。

很酷的父母

你是那种喜欢抽着雪茄,和朋友们喝一杯的人吗?很多父母以为,等孩子长大后,他们就可以开心地参加聚会,不必再花心思在孩子身上。其实不然,父母仍然需要关注孩子,避免孩子酗酒或者参加不适宜的聚会。最重要的是,孩子会从你身上学到聚会文化。你现在做的事情孩子会进行模仿，然而他们还未成年。并且，孩子仍然需要你在他们身边。要知道，醉醺醺的父亲或母亲绝不是孩子需要的那个人，虽然你仍然能站在门口傻乎乎地微笑，但是聚会之后的你已经神志不清，没有办法好好倾听孩子说的话。你真正要做的是以身作则，成为孩子的榜样，一直到孩子长大成人。

也有一些父母以为，他们和孩子一起喝酒可以建立起不错的关系。然而，孩子实际上更愿意和朋友一起喝酒，而不是父母。这和父母的认知完全相反。并且，在家里被允许喝酒的青少年，会比不被允许的青少年喝得更多。所以，我们可以得出结论，越早喝酒的青少年，会越容易陷入酒精中毒和喝酒上瘾的风险。

"但是，我们至少可以给 16 岁的孩子买点啤酒吧？比起陌生人，如果孩子从我们这里接触酒，不是更好吗？"一位母亲疑惑地问。我表示，这并不是更好的选择。

> 当你发现孩子做一些让你很担心的事情时，你最好找一个机会和他们好好聊聊。但是不要在头脑发热的时候和孩子交流，等你平静了，想清楚自己要对孩子说什么话后，再和孩子聊。

成年人的世界有比较一致的规则，但这些规则并不适用于孩子。因此，不要给孩子买酒精类饮品。但是，当他们14、15或者16岁，和朋友一起出去并且喝酒时，你可以找机会和孩子好好聊聊酒的事情。"你感觉还好吗？我觉得我们有时间可以讨论一下"，然后你可以问他们什么时候回家。随后，你们就可以讨论一下关于酒的现实话题。你可以告诉他们，酒很有趣，但是也很危险，它会让人难以自控。

青少年的聚会

所有的孩子都梦想着能独自和朋友一起过生日。他们想和朋友在一起的意愿很强烈,在聚会上开心地玩乐对他们很有吸引力。因此,当孩子特别想在聚会上展示自我时,他们可能会乐极生悲。

我听过很多这样的故事。比如,本来只是一个小型的生日宴,孩子把消息发到社交媒体后,突然来了将近200个客人。他把自己的事情办砸了。

乔纳森是一个15岁的男孩,他在父母去旅游的时候哄骗他们,说他会去爷爷奶奶家过夜。然而,他却邀请了8个同班好友一起聚会狂欢。他的朋友又告诉了自己的朋友,结果来了一屋子的人。最终,邻居报了警,家里和花园也满地狼藉。对于一个15岁的男孩来说,他自己并没有能力去处理这些问题。

父母因此对乔纳森发了火。他们第一次来做咨询时,孩子全程保持沉默。"你看,他完全不听我们的话!"父亲愤怒地说,

"我们怎么可能再相信他!"我问乔纳森,最近过得怎么样。他声音沙哑地慢慢讲述了那天聚会的经过,以及事情失控时他有多惊慌。当他意识到事情有多糟糕时,他在屋外哭得很大声。"我这辈子从来没有这么害怕过。"他说。坐在沙发上的母亲轻轻地拍着孩子的背,安慰着他。但是,父亲生气地说:"他不需要安慰,他需要学会承担责任。"

父亲是正确的。但是,青少年需要通过实践来学习承担责任,并且希望是在父母的帮助下学习。父母的安慰对孩子来说很重要,他们将因此从自己搞砸的事情中受益。父母可以问:"这肯定会让人害怕,你感觉怎么样?发生了什么事?"只要父母尝试和孩子沟通,孩子就可以通过学着去处理这些事情,从而学会如何在未来应对类似的事情。

我对乔纳森进行咨询时,发现他在那次聚会后睡眠很糟糕。他开始害怕上学,害怕路上那些走在他后面的青少年会突然把他带走,他们就像聚会上突然出现的陌生青少年一样令他害怕。

> 如果你告诉青少年,他们需要因此感到羞愧,那么你就很难帮助他们改进。做错事后,他们肯定已经感到羞愧,你需要用温和而明智的话引导他们。

他不知道要多久才能再次信任他的朋友。

　　我和他的父母说，错误已经造成了，但是他们的儿子仍然需要他们的指导。他们必须尝试继续和孩子沟通，直到他可以再次信任别人。我认为他们最终会走向好的方向。

　　通常来说，聚会一般不会出现什么大问题。但是，很多孩子曾坐在我身边，跟我说起那些在聚会上失控的事情。比如群体压力，在游戏里回答关于性的问题。或者让他们做令人不舒服的事情，比如把辣椒面放到酒水里之类。在一些班级男生组织的聚会上，也可能会产生暴力冲突或者情绪失控的事情。

　　通常来说，人们在和熟悉的朋友聚会时，会感到会场是属于自己的空间，这样的聚会比较好。大家一起笑，一起玩乐，加深感情。因此，我们并没有理由拒绝孩子参加聚会，但如果能遵守一些规则，会对大家都好：

聚会之前的准备

1. 尽量让孩子在你们的视线范围内。他们想要举办聚会时，家里会是不错的选择。他们可以有自己聊天的地方，你们也能建立一道阻隔危险的城墙。

2. 了解发生了什么事情。你可能轻易地以为你的孩子和其他孩子一样，其实他们成长得非常快。你以前看到的那个13岁男孩可能很害羞，但是他14岁时可能突然变得非常外向、吵闹，反之亦然。

3. 你要告诉孩子，你可以忍受他们犯错，帮助他们走出困境。他们可以通过电话联系你去接他们，当他们需要时，给他们建议和安慰。

4. 和孩子讨论酒、宿醉和性，告诉他们界限在哪儿。当然你也要明白，过于清晰的界限会是一封邀请函，让孩子想要不断越界。在这方面，过于宽松或者过于严苛的父母，都容易让孩子出问题。

5. 倾听孩子的故事。你的孩子参加聚会后，你要问问发生了什么事情。如果他们遇到什么困难，你要及时指导。理解、处理问题和进一步帮助孩子，会比以往更重要。

当孩子变成大人时

有一天孩子会离开家,拥有自己的生活。他们可能有了工作,或者因为学业而离开,或者是因为有了爱人和不错的晚餐。有的人很喜欢父母参与自己的成年人生活,有的则不是那么喜欢。这与文化和个性有关。但是,只要你是不错的父亲或母亲,你们就会一直保持联系。你们会有很多的对话,相互说说近况,互相帮助,可能也会有深度的交流,逐渐建立新的平衡。现在,你们可以肩并肩地向前走了。

我接到过一个年长女性的电话。她和她的孩子处于失联的状态。她哭着说,她之前做错了很多事情,现在不知道该怎么办。孩子小的时候,她是一个合格的母亲。但是孩子进入青春期后,她就做得不够好了。当孩子需要安慰和帮助时,她选择旁观,让孩子自生自灭,并且觉得孩子应该感谢她给予的成长机会。

孩子只学会了不信任母亲,因为她什么帮助都没有给。"我想我意识到了那些年有多重要。"她说。但问题在于,她现在能做些什么呢?

以我的经验来看,事情还有补救的机会。但是,她得放下面子,从她的角度告诉孩子她的想法,并且表现出她愿意倾听他们说话。她需要了解孩子的情况。对于父母来说，正视自己的错误是个艰难的工作，但是你们必须找到修复的方法。此外，这也需要孩子参与其中。

当他们能够再次交流时，就是纽带关系开始黏合的时候。

你如果不希望这种事情发生，就需要了解你的孩子，了解他们的故事。

艰难时刻

即使做了所有该做的，事情也未必朝着人们期待的方向发展。你听取了所有的建议，给了青少年很多机会，并且竭尽所能地让事情变得好起来。然而，你的儿子还是无法在早上准时起床。你浑身怒气，不知道该怎么办。事情闹大时，你会害怕面对孩子，找不到合适的时间跟他们交流。你的女儿不想吃东西，看着她越来越瘦，你却仍然找不到办法帮她。你似乎只能看着孩子日渐消沉。

青春期对于父母和孩子来说都特别艰难，大家都希望找到天平的平衡点。孩子看起来不想要帮助，似乎意味着他们不想变得更好。

作为父母，你们仿佛来到了一个孤岛，四顾茫然。你们和别人谈起彼此的孩子，仿佛听到了他们庆幸的叹息。交流越多，越容易让你觉得孤独。

在这本书中，我给的建议依然适用于大多数家庭。只是对于个别情况特别困难和复杂的家庭来说，这些可能还不够。

一位母亲在女儿快 18 岁的时候找到我。她的女儿因为体重过轻而被紧急送到了医院。母亲掩面而泣，内疚地说："我怎么就没注意她糟糕的身体状况呢？"她一直重复着类似的话。这些年她很不容易，从女儿 14 岁开始，吃饭就变得像一场战争。有时候会好些，但大部分时间里都很糟糕。女儿大多数时候都待在房间里，用宽松的衣服掩盖自己无法接受的身材。几个月后，女儿从高中辍学了。这位母亲做了她所能做的一切，打电话、发邮件联系专家，四处托人找最好的心理医生。好不容易约好了时间，临了女儿却没有出现。最后，母亲放弃了，她不愿意再争吵。

我不知道这位母亲还做过些什么。但是，没有人愿意被放弃，外界的帮助并不一定能让一个家庭走上正轨。如果你是那些挣扎中的父母之一，我只能告诉你，除了不断尝试，你别无选择。和医护人员、心理医生以及各种兴趣爱好组织进行联系，阅读和疾病相关的一些信息，不断地尝试帮助你那个孤独的孩子吧。

那些挣扎的青少年有一个共同的特点，他们都觉得自己很孤独。

> 作为父母，你要对自己的孩子负责。别人的建议不一定适用你的家庭。情况变得复杂时，你需要坚持找到正确的解决方法。

"我为没有坚持下去而惭愧。"这位母亲说。但是，这不仅仅是父母的问题，还有很多别的因素。青少年会因为基因、朋友、学校或者其他的事情而受到影响。我们没法确切判断是谁把事情弄得这么糟糕，但至少我知道，即使很多父母都和孩子有着不错的相处模式，还是会偶尔因为他们而抓狂。

你们需要从外面找到一个可以帮助你们走出困境的人。只有这样，才能在孩子孤独的世界里投射出温暖的光芒，而不是老在孩子身上找原因。

什么时候需要寻求帮助呢？

不是所有的帮助都能让孩子走出困境，有的帮助反而会让孩子抗拒。无论如何，当你很担心事情超出控制范围，并且和孩子的联系已经糟糕透了时，你就需要寻求帮助。当孩子求助时，你需要马上寻求帮助。

你可以多和那些处理青少年问题很有经验或者特别理解你们的人聊天。例如，社会工作者、护工、心理医生、家庭工作者等。你如果担心孩子的身体健康，就请找医生。潜在的身体问题也可能是孩子特别疲惫或者生气的根源。

但是，不要让青少年自己出去寻求帮助。寻求帮助，判断帮助是否符合需要，这是你的责任。

记住，青少年正处于不稳定的时期，但是他们也成长迅速。虽然现在看起来前路迷茫，但是光亮的世界就在不远处。

精神错乱

青少年时期也会出现一些严重的精神问题。青少年的大脑非常脆弱，很容易出现头痛的症状。幻觉、孤独和被孤立等糟糕的情况，会导致一些孩子出现严重的精神问题。他们很容易变得激进或者畏缩，心理波动会比其他青少年更强烈，黑暗的想法会比行动更快速。当你发现孩子有这个苗头，你要马上寻求帮助，不论孩子愿不愿意。

你要知道，孩子会因为帮助而获得幸福，不要把寻求帮助当成不得已的选择。想想你所看到的情况，写下你担心的事情，和医生或者心理医生聊聊。当你和孩子说起寻求帮助时，你要明白是你们都需要帮助，然后找一个恰当的时间，不要让大家不高兴。

记住，即使在最绝望的时候，你依然可以获得不错的帮助，不要放弃。

适应疾病

有的孩子在进入青春期后可能需要额外的照顾。例如饮食宜忌、需要吃的药物和医生的回访。有的父母可能以为，孩子已经可以稳定自己的病情，满足自己的需求，他们可以放轻松了。但是，孩子也会突然产生抗拒。曾有父母绝望地告诉我，他们的孩子拒绝测量血糖，拒绝使用了多年的胰岛素。孩子会因为自己和其他孩子不一样而愤怒，被孤立的感觉深入骨髓。患有吸收不良综合征的青少年，会忽然想要吃比萨或者喝啤酒。他们想要做跟别人一样的事，虽然可能会因此生病好几天，但是他们觉得这很值。

慢性病是青春期额外的负担，父母必须意识到这种情况会比以往严重。寻找那些有这方面经验的成年人，尝试了解他们如何在青春期渡过这个难关。然后告诉孩子，即使他们有一点不同，但是他们依然可以好好地生活下去。

对残障人士来说，青春期就像一条额外的弯道。他们和别人经历同样的事情，小的时候还意识不到自己和别人不一样，但是越长大，这种差异性就越明显。我认识一个坐在轮椅上的男孩，他整个童年都回避参加有同样伤病孩子的聚会，他不愿意承认自己是他们中的一员。在班上，其他孩子都尽可能地和他一起玩耍，对他尽可能地好。可到了青春期，这一切都发生了巨大的变化。这段时间里，他的身体变化和心理变化都非常大，一切都变得和原来不一样。在残疾人周围的成年人需要理解，这种改变会对他们产生很多不一样的影响。

这位小朋友最终选择参加残障人士的聚会，并且度过了美好的时光。在那里，他不会觉得自己不一样，反而能感受到别人对他的理解。

当你在挣扎时

　　孩子走向成年人的每个阶段，父母都很困难，青春期尤甚。与此同时，精神问题、身体疾病或者事业波折都可能会影响到你。此外，养育青少年的成本也很高，有的父母会有很大的经济压力。如果你是母亲，你也可能会面临即将或者已经进入更年期的状态。生活变得易碎，情绪、睡眠和冲动都会比以前更难掌控。

　　当你在生活中遇到困境，同时家里还有一个青少年时，最正确且重要的解决办法就是寻求帮助。孩子在这个年龄阶段，会从你如何照顾自己、如何解决问题中学习，模仿你的处事方法。

　　你会在困难时期向孩子坦白你的真实情况吗？当然，这取决于你遇到了什么困难，但肯定很难对孩子说出口。孩子可能无法帮你改善现状，因此很容易变得焦躁不安，你很可能无法获得你期待的支持和帮助。但是，让孩子了解家庭的情况，对他们来说也很重要。在面对重大问题时，你们可以一起讨论并且相互理解。例如，你得了重病，或者你们因为经济情况欠佳而需要搬家等。你可以和孩子说说情况，告诉他们发生了什么事，并且向他们寻求意见。但是，不要期待你能跟孩子有非常有效的交流。对孩子来说，面对父母生病或者其他生活变故，他们肯定会难以接受。你最好给他们一个理由，让他们可以从难过的情绪中抽离出来。青春期的孩子会因此有强烈的反应，虽然你并不一定能发现。保持你们之间开放的交流吧。

心理健康的责任

最近十年中，我们非常关注青少年的心理健康。效果还不错，但是有的孩子也会出现一些奇怪的现象。因此我们觉得，让孩子学习一些有关心理健康的知识，可以帮他们学会如何照顾自己。政府希望把心理健康作为学校的一门学科，从小学开始，孩子就能学着了解自己的心理健康。成年人可以相互鼓励，遇到困难时写下说明和计划，然后知道自己该做什么。让孩子也能在学校学习心理健康知识，他们就会学着做正确的事情。

但是，孩子始终只是孩子。即使上了心理健康课，并不表示他们就可以自己照顾自己的心理健康。事实上，作为成年人的我们需要了解更多关于青少年心理健康的知识，从而更好地帮助孩子成长。

当他们遇到焦虑、抑郁或者其他精神方面的障碍时，我们可以对他们进行疏导。尤其是青少年，他们需要心理健康的知识，但是承担责任的始终是大人。

通用的解决方案是，我们发现孩子的生活出现重大问题，然后帮助他们解决问题。这需要你和学校的老师以及他们的朋友

进行联系，询问事情的经过。这也需要你始终陪伴在孩子身边，温柔地看着他们，对他们说："我们一定能够解决问题。"

某种程度上，焦虑、忧郁和孤独是人生的一部分，对于青少年来说，这部分的感受会更加强烈。但是，如果父母和孩子之间能够有安全的纽带关系，那么孩子就能够与消极的情绪和谐相处。

如果你和孩子之间没有安全的纽带，没有对生活的期待，并且周围也没有能帮你的人，那么你将无法给孩子以帮助。

抱着我

有一天,你的孩子会收拾好他们的房间,把所有的东西都装进箱子,就像把他们的过往都打包一样。他们会叫来一辆顺风车,然后坐上车,消失在街道拐角处。这时你会发现,身边多出了一种不熟悉的安静,生活从此变得不一样。

当我回忆童年时,我会突然想起自己六七岁的时候,可能睡在公司里,然后爸爸把我抱进了车里。我在半梦半醒之间,趴在爸爸的怀里。

大概所有的孩子都有类似的经历。

这是人类最可爱的一个动作,父母抱着我下楼梯、下车,抱着我走回家,穿过吱吱作响的走廊,抱着我开门,走进幽暗的卧室,抱着我走到床边,放下我,为我盖上柔软的被子。

这些回忆,伴随着我一生。

你的孩子总有一天会变成大人,离开你。开始是几个小时,然后是几个星期,几个月,几个生日,年复一年。他们会拥有自己的生活,自己的朋友,自己的团体,自己的悲伤,自己的旅行、房贷、爱情,以及他们略微满意的工作。然后有一天,他们回到家,告诉你他们有了自己的孩子。

　　你知道你会担心他们,这就像个无尽的深渊。

　　你知道你会很爱那个孩子,仿佛没有尽头。

　　当孩子有了自己的孩子后,他们看你的视角也会有所改变。他们的眼里带着感激,就像你看着他们一样。

　　有一天,你会看到他们抱着自己半睡半醒的孩子,就像你当初那样。

　　抱着他下车,美丽的轮回。

致　谢

"家庭养育七步法"系列丛书中,这一本书最具挑战性。因为,这本书讲述了很多让父母感到害怕或者恐惧的事情。他们养育了一个孩子,但是孩子还没有明白自己将成为什么样的人。这个阶段如此重要,令我惊讶的是,很多人却轻视它。我从所有见到的青少年、父母和老师身上学习,通过他们的经历,让我了解了很多。我深深地感谢每一个人。

有关大脑如何发育的知识让我们对青春期有了新的了解。在心理学方面,丹尼尔·席格用温暖而富有洞察力的方式进行了阐述,我非常感谢他。所有从事这一领域的学者都值得感谢,他们帮助我们变得更聪明。没有他们,我们没有办法把这当成一门学科。

在我从事青少年家庭心理疏导工作的生涯中,有两位学者需要我在此特别提及。

心理学家瑞德·赛贝克在家庭治疗方面向我展示了个人魅

力和深思熟虑的力量。同时，他和我的第一位导师莫琳·贝尔德一起影响了我的治疗风格。我很庆幸在我职业生涯的早期，遇到了如此富有个性和风格独特的心理学家。

在我的办公室，我每天都有新的灵感，我们创造了很棒的治疗环境！感谢阿格妮特·哈林乔、亨丽埃特·康拉德森、约翰妮·索恩斯、卡米拉·亨宁、辛德雷·克维希尔德·阿斯利。特别是我的好朋友阿恩·约根·克约斯巴肯。他就像我工作上的引擎，并且是一位资深的心理学家。感谢那些和你度过的美好时光，每次和你聊天都如获至宝。

由于这是该系列的最后一本书，我必须感谢我的编辑乔纳斯·福桑和草莓出版。乔纳斯对文本有着出神入化的理解，这确实给我们发布的内容带来了很多亮点。他对这个项目的信心、冷静和最后一刻的灵光乍现，在项目运作中至关重要。

所有的书都是艾文德·塞瑟负责一切，从一个小点子到坐下来用几个小时交谈想法，让我们找到了出版的动力。除了拥有挪威最好的文笔，艾文德还是我最好的朋友之一。现在想想，在最后一本书的结尾，我们两个居然成了笔友，真是不可思议。

但是，我最想感谢的还是我亲爱的孩子们。他们对我有着无限的忍耐，即使我必须要在另一个地方工作。当然，他们需要我的时候，我马上就赶回来。我们依然笑看人生。

我的老公，那个依然爱着我的男人，一直帮助我并且和我讨论各种事情。虽然我在两年时间里出版了五本书并且还有一份全职工作,但是不管我多累,他都始终陪伴在我身边。

谢谢谢迪尔、马克斯、克拉斯和米克尔。

你们对我的爱藏在很多细节中。

参考文献

Blakemore, Sarah-Jayne (2018):
Inventing ourselves. The secret life of the Teenage Brain.

Duncan, Barry (2005):
What's right with you? Debunking dysfunction and changing your life.

Johnson, Susan (2019):
Attachment Theory in Practice: Emotionally Focused Therapy (EFT) with Individuals, Couples, and Families.

Juul, Jesper (1996):
Ditt kompetente barn. På vei mot et nytt verdigrunnlag for familien.

Kaufman, Gershen, Raphael, Lev (1996):
Coming out of Shame. Transforming gay and lesbian lives.

Morgan, Nicola (2013):
The amazing teenage brain revealed.

Seligman, Martin E. P. (2018):
The optimistic child. A revolutionary guide to approach to raising resilient children.

Siegel, Daniel, Bryson (2015):
Brainstorm: The Power and Purpose of the Teenage Brain

Sunderland, Margot (2015):
Conversations that matters. alking to children and teenagers in ways that help.